ORDONNANCE
DU ROI,
POUR RÉGLER L'EXERCICE
DE
L'INFANTERIE.

Du 1.er Janvier 1766.

A PARIS,
DE L'IMPRIMERIE ROYALE.

M. DCCLXVI.

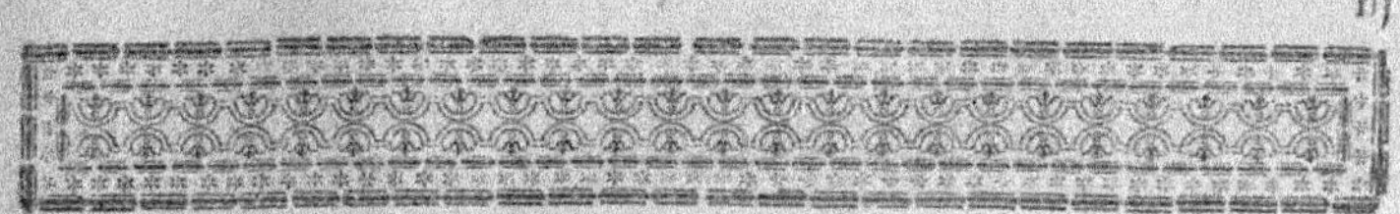

TABLE
DES
TITRES ET ARTICLES
Contenus dans cette Ordonnance.

ORDONNANCE

ORDONNANCE
DU ROI,
Pour régler l'EXERCICE de l'Infanterie.

Du 1.ᵉʳ Janvier 1766.

DE PAR LE ROI.

SA MAJESTÉ jugeant à propos de faire quelques changemens à l'Exercice de l'Infanterie, qu'Elle avoit réglé par son Ordonannce du 20 mars 1764, pour réduire les manœuvres & l'Exercice aux mouvemens les plus simples, Elle a ordonné & ordonne ce qui suit:

A

TITRE PREMIER.
De l'Armement & Équipement.

Armement & équipement uniformes.

TOUTES les parties de l'armement & de l'équipement des Officiers, bas Officiers, Soldats & Tambours, seront uniformes, & conformes aux modèles qui seront envoyés à chaque régiment.

Armement des Officiers supérieurs & de l'État-major.

Les Colonel, Lieutenant-colonel, Major, Aides-major & Sous-aides-major auront pour toute arme des épées, qu'ils mettront à la main toutes les fois qu'ils seront sous les armes.

des Officiers.

Tous les Officiers seront armés de fusils uniformes avec leur baïonnette, d'épées & de gibernes.

Tous les Officiers, même les supérieurs & ceux de l'État-major, auront des hausse-cols.

des bas Officiers & Appointés.

Les Fourriers, Sergens, Caporaux & Appointés seront armés de fusils avec leur baïonnette, de sabres & de gibernes.

des Grenadiers.

Les Grenadiers seront armés de fusils avec leur baïonnette, d'un sabre & d'une giberne.

des Fusiliers.

Les Fusiliers auront un fusil, une baïonnette & un porte-cartouche.

des Tambours.

Tous les Tambours seront armés seulement d'un sabre.

Les épées, les sabres & les baïonnettes seront portés par des ceinturons, dont il sera envoyé des modèles.

Tous les Officiers, Grenadiers & Fusiliers porteront, étant sous les armes, le ceinturon sur la veste.

TITRE II.
De l'École de l'Officier.

ARTICLE PREMIER.

De l'Instruction.

LES Officiers supérieurs, & tous les Officiers de chaque régiment, seront tenus de savoir, & d'exécuter avec précision, le maniement des armes particulier à l'Officier, celui du Soldat, la marche & ses différens pas, les évolutions, les différentes manœuvres & l'exécution des feux, pour être en état de conduire & de commander leur troupe dans tous les cas.

Officiers obligés d'être instruits de l'Exercice.

Le Major sera chargé de l'instruction générale de tout le régiment, & en rendra compte aux Colonel & Lieutenant-colonel.

Le Major chargé de l'instruction de tout le régiment.

Le Major exercera journellement les Capitaines, jusqu'à ce qu'ils soient parfaitement instruits.

Les Aides-major & les Sous-aides-major aideront le Major, pour l'instruction de tout le régiment; ils veilleront à l'instruction des Officiers subalternes, & aux exercices de leur bataillon, dont ils rendront compte au Major.

Les Aides-major & Sous-aides-major, d'aider le Major, & de l'instruction des Officiers subalternes.

Chaque Caporal répondra de l'instruction de son escouade au Sergent; chaque Sergent, de l'instruction de sa demi-section ou subdivision au Sous-lieutenant ou Lieutenant; chaque Lieutenant ou Sous-lieutenant, de

Les Officiers & bas Officiers de leur compagnie, section ou demi-section.

sa section ou division au Capitaine; chaque Capitaine répondra de l'instruction de sa compagnie au Major.

Dans les compagnies du Colonel & du Lieutenant-colonel, le Lieutenant sera chargé en chef de l'instruction de sa compagnie, & en répondra directement au Major; le Sous-lieutenant remplacera le Lieutenant à la première division, le premier Porte-drapeau du bataillon remplacera le Sous-lieutenant à la seconde division; le Sous-lieutenant & le premier Porte-drapeau rendront compte de leur section ou division, au Lieutenant de la compagnie.

L'intention de Sa Majesté est que les Officiers supérieurs des corps, tiennent la main à ce que les Capitaines ne négligent aucuns des points prescrits ci-dessus; les autorisant, Sa Majesté, à les punir lorsque le cas y écherra: comme aussi Elle autorise les Capitaines à punir les Lieutenans & Sous-lieutenans par les arrêts, lorsqu'ils tomberont dans quelque négligence.

Le Commandant du régiment désignera les jours auxquels il jugera à propos de faire exercer les Capitaines, soit un à un, ou ensemble; il commandera lui-même l'exercice, & à son défaut le Major.

Les Officiers subalternes seront examinés & exercés pareillement un à un, ou ensemble, par les Aides-major, toutes les fois que le Commandant du corps le jugera à propos.

Les Capitaines ou Officiers subalternes qui manqueront à quelques points de l'Exercice, seront remis à l'Exercice journalier, jusqu'à ce qu'ils ne manquent plus.

Aucun sujet proposé pour être Officier, à l'exception toutefois de ceux qui auroient précédemment servi en ladite qualité, ne pourra être reçu à l'emploi auquel il aura été nommé, qu'après avoir fait le service de Soldat pendant deux mois, celui de Caporal pendant deux autres mois, & enfin celui de Sergent aussi pendant deux mois, sous la conduite d'un bas Officier ; voulant Sa Majesté qu'il soit tenu de porter les marques distinctives de chacun de ces grades.

L'intention de Sa Majesté est que ce nouveau sujet se trouve à tous les Exercices particuliers, qu'il monte chaque semaine une garde, & qu'il remplisse toutes les fonctions de chacun des grades de Soldat, Caporal & Sergent indistinctement, à la réserve des corvées.

Lorsqu'au bout de ces six mois, le Commandant & autres Officiers supérieurs du régiment, auront jugé ce nouveau sujet suffisamment instruit, ils le feront recevoir à son emploi, & en informeront le Secrétaire d'État ayant le département de la guerre.

A R T. 2.

Du maniement du Fusil pour les Officiers.

LORSQUE les Officiers seront sous les armes, ils s'aligneront, faisant face carrément devant eux, la tête & le corps droits, les genoux tendus, les talons joints, & ils resteront immobiles.

Maniement du fusil.

Toutes les fois qu'une troupe portera le fusil, les Officiers le porteront aussi ; ils le porteront dans le bras droit au défaut de l'épaule, le canon en arrière & à plomb, la baguette en dehors, le bras tendu, la main droite embrassant le chien & la sougarde, la crosse

Manière de le porter.

à plat le long de la cuisse droite, & la main gauche pendante derrière l'épée.

Dans les cas de parade, les Officiers se reposeront sur le fusil.

Pour mettre la baïonnette au bout du canon.

On l'exécutera en six temps, *en observant que les Officiers ne doivent faire le premier temps qu'avec le second temps de la troupe.*

Au premier temps, en portant le fusil en avant de la main droite, le saisissant de la main gauche au-dessus de la capucine, tenant le fusil perpendiculairement, avançant en même temps le pied droit en équerre, de manière que le talon soit à côté de la boucle gauche.

Au second, la main droite lâchera le fusil & le laissant tomber, la crosse à deux pouces de terre & sur la gauche de la pointe du pied gauche; la main droite saisira le fusil au bout du canon, le canon en dehors, la baguette vers le corps.

Au troisième, on achèvera de poser la crosse à terre sans la soulever dans la direction où se trouvera le fusil, le glissant simplement le long de la cuisse & du corps, sans l'en détacher, ni déplacer les mains.

Au quatrième, la main droite quittant le bout du fusil, empoignera la baïonnette entre le fusil & le corps, & on la dégagera du fourreau pour la saisir au-dessus de la douille, la main gauche éloignant le canon du corps en roidissant le bras gauche, le haut du bras collé au corps, sans que la crosse quitte sa place.

Au cinquième, on portera la baïonnette dans la même direction que le fusil, au bout du canon, & on l'engagera prête à y être emboîtée, en rapprochant en même temps le fusil du corps.

1. Janvier 1766.

7

Au sixième, on emboîtera la baïonnette dans le canon, & on replacera la main droite au bout du canon.

Pour porter ensuite les armes.

ON l'exécutera en trois temps :

Au premier temps, quittant le fusil de la main droite, on l'élevera à plomb de la main gauche, laquelle on portera à hauteur du menton, en tournant la baguette en dehors & le canon entre les deux yeux, & on le saisira de la main droite, en empoignant le chien & la sougarde.

Au second, on portera le fusil perpendiculairement des deux mains, entre la tête & l'épaule droite, ramenant, en frappant, le pied droit à côté du gauche.

Au troisième, on achèvera de porter le fusil, & on laissera tomber la main gauche pendante derrière l'épée.

Pour remettre la baïonnette en son lieu.

EN six temps :

Aux trois premiers temps, comme à ceux du commandement, pour mettre la baïonnette au bout du canon : observant de ne partir qu'au second temps de la troupe.

Au quatrième, on donnera un coup vif, avec le dessus du premier doigt de la main droite, en empoignant la baïonnette au-dessus de la douille, pour, en la tournant, la déboîter d'un seul mouvement & la tenir perpendiculairement au-dessus & près du canon.

Au cinquième, on détachera le fusil du corps avec la main gauche, en roidissant le bras & serrant le coude, le bout du canon toujours vis-à-vis du menton, sans que la crosse change de place ; on renversera la baïonnette vivement de la main droite, abaissant un peu la tête pour porter la pointe vers le fourreau, dans lequel on la mettra tout de suite, en relevant la tête.

Au sixième, on rapprochera vivement le fusil du corps avec la main gauche, & on reportera, en frappant, la main droite au bout du canon.

Pour porter ensuite le fusil.

ON l'exécutera en trois temps :

Comme ci-dessus pour porter les armes, après avoir mis la baïonnette au bout du canon.

Pour se reposer sur le fusil.

ON l'exécutera en trois temps :

Au premier temps, *pour lequel on ne partira qu'au second temps de la troupe*, en portant le fusil en avant avec la main droite, on le saisira de la main gauche en même temps, à hauteur de l'épaule droite.

Au second, en lâchant le fusil de la main droite, en le baissant avec la main gauche pour le porter à plomb, le bout du fusil à hauteur de l'œil, la crosse vis-à-vis & un peu en avant du pied droit, en saisissant en même temps avec la main droite le bout du fusil au bout du canon, afin de le tenir perpendiculaire, la platine tournée vers la droite, la baguette en avant.

Au troisième, on laissera tomber la crosse à terre, sans relever le fusil, le gros bout contre & en avant de la pointe du pied droit, la sougarde en avant, observant de lever le pied droit & de le replacer aussi-tôt, en frappant vivement, en même temps que la crosse arrivera à terre, & la main gauche tombera pendante.

Pour poser le fusil à terre.

ON l'exécutera en quatre temps :

Au premier, en même temps qu'on tournera le fusil,

le

le canon vers le corps, on fera un *demi à droite* sur le talon gauche; on placera le pied droit derrière la crosse du fusil, de façon que la pointe du pied ne dépasse pas & soit égale avec le bout de la crosse, & on mettra la main gauche derrière le dos pour saisir la bretelle de la giberne.

Au second, laissant couler la main jusqu'à la moitié du canon, on portera le pied gauche en avant, en frappant de façon que le talon se trouve vis-à-vis de la capucine, courbant le corps brusquement, la main droite devant se trouver vis-à-vis la boucle en posant le fusil à terre, la crosse appuyée au pied droit, le genou droit bien tendu, sans regarder en terre, ni quitter des yeux l'homme d'aile; observant de coucher le fusil bien droit en avant & aligné dans les files.

Au troisième, on se relèvera, en reportant le pied gauche à la place précédente pour être placé de même, & le bras droit pendant.

Au quatrième, on tournera sur le talon gauche pour faire *face en tête,* le pied droit se replaçant à côté du gauche, sans frapper, & la main gauche quittant la bretelle de la giberne, tombera pendante sur le côté.

Pour reprendre le fusil.

ON l'exécutera en quatre temps:

Au premier temps, on fera un *demi à droite* sur le talon gauche, plaçant le pied droit derrière la crosse, & la main gauche saisira en même temps la bretelle de la giberne derrière le dos.

Au second, on prendra la position du second temps du commandement précédent.

Au troisième, on se relèvera, glissant la main droite jusqu'au bout du canon, pour revenir dans la position du premier temps du commandement précédent.

Au quatrième, on fera *face en tête,* tournant le fusil,

Titre II.

la baguétte èn avant, ramenant le pied droit à côté du gauche, fans frapper, & la main gauche tombera pendante.

Pour porter le fufil.

Porter le fufil.

ON l'exécutera en trois temps :

Au premier temps, on élèvera le fufil de la main droite, en le rapprochant du corps pour le tenir perpendiculairement vis-à-vis du genou droit ; le bout du canon à hauteur de l'œil, le faififfant, en frappant de la main gauche ; le bras gauche croifé & ferré au corps, à la hauteur du ceinturon.

Au fecond, on élèvera le fufil de la main gauche à hauteur de l'épaule droite, & la main droite empoignera en même temps la fougarde & le chien.

Au troifième, on achèvera de le porter, en le laiffant tomber contre l'épaule.

Pour faluer du fufil, de pied ferme, étant alors repofé deffus.

Saluer du fufil de pied ferme.

ON l'exécutera en fix temps :

Au premier temps, on fera *à droite,* en élevant le fufil de la main droite à hauteur du menton, & le faififfant de la main gauche à hauteur du ceinturon, tenant le fufil perpendiculairement devant foi.

Au fecond, en quittant le fufil de la main droite, en le levant avec la gauche à hauteur du menton, & le faififfant en même temps de la main droite au-deffous du chien à la poignée du fufil.

Au troifième, on laiffera couler la main gauche jufqu'à la capucine, & on baiffera vivement avec les deux mains le bout du fufil contre terre.

Au quatrième, on reviendra dans la pofition prefcrite au fecond temps de ce commandement.

11

Au cinquième, on reviendra dans la position du premier temps de ce commandement.

Au sixième, on fera *face en tête*, en se reposant sur le fusil.

En faisant ce salut, on observera de commencer les mouvemens assez à temps pour baisser la baïonnette vis-à-vis la personne qu'on devra saluer, & si elle vient par la gauche, on fera au premier temps un *demi à gauche*, en exécutant les mêmes mouvemens ; mais soit que la personne qu'on devra saluer vienne par la gauche, ou par la droite, on la fixera toujours.

Pour saluer du fusil en marchant.

ON l'exécutera en six temps :

Saluer du fusil en marchant.

Le premier temps se fera lorsqu'on sera à trois pas de la personne que l'on devra saluer, en avançant le pied gauche ; on détachera le fusil de l'épaule avec la main droite & on l'empoignera avec la main gauche à hauteur de l'épaule.

Le second, en avançant le pied droit, on quittera le fusil de la main droite, pour, en la tournant, saisir le fusil à la poignée, la main gauche ne bougeant pas.

Le troisième, en avançant le pied gauche, on laissera couler la main gauche jusqu'à la capucine, & on baissera vivement le bout du fusil contre terre.

Le quatrième, en avançant le pied droit, on ramènera le fusil dans la position du second temps.

Le cinquième, en avançant le pied gauche, on quittera la poignée du fusil de la main droite pour embrasser le chien & la sougarde.

Et le sixième, en avançant le pied droit, on achèvera de porter le fusil.

B ij

Titre II.

On marchera carrément devant foi; foit que la perfonne à qui on doit le falut foit placée fur la droite ou fur la gauche, on aura attention de la fixer.

<h2 style="text-align:center">A R T. 3.</h2>

<h3 style="text-align:center">Du maniement de l'Épée.</h3>

Porter l'épée.

LES Officiers de l'État-major porteront l'épée à l'épaule droite, la lame appuyée contre l'épaule, la poignée à hauteur de la hanche.

Salut de l'épée.

Quand lefdits Officiers devront faluer de l'épée, foit de pied ferme ou en marchant, ils le feront en quatre temps:

> Au premier, lorfque la perfonne qu'on devra faluer fera à quatre pas de diftance, on élèvera l'épée perpendiculairement, la pointe en haut, la lame plate devant foi, tenant la garde vis-à-vis & à un pied de diftance de l'épaule droite, le coude un demi-pied plus bas que le poignet.

> Au fecond, on baiffera doucement la lame de l'épée, de manière que la main foit à côté & vers le milieu de la cuiffe droite; & tournant alors le poignet un peu en dehors, on abaiffera la pointe de l'épée fort doucement & on reftera dans cette pofition jufqu'à ce que la perfonne qu'on devra faluer foit éloignée de deux pas.

> Au troifième, on relèvera l'épée la pointe en haut, la tenant comme au premier temps.

> Au quatrième, on portera l'épée à l'épaule, comme il eft prefcrit ci-deffus.

<h2 style="text-align:center">A R T. 4.</h2>

<h3 style="text-align:center">Du maniement du Drapeau.</h3>

Porter
le drapeau.

LORSQUE les Porte-drapeaux feront fous les armes

1. Janvier 1766.

13

& qu'ils devront porter le drapeau, ils le porteront en appuyant le talon sur la hanche droite, le tenant un peu de biais, la lance en avant, la main droite placée à un pied & demi au-dessus de l'extrémité du talon, le coude collé contre le corps, la main gauche pendante derrière l'épée.

Pour se reposer sur le Drapeau.

ON l'exécutera en trois temps :

Au premier, en détachant le drapeau de la hanche droite, on le portera perpendiculaire devant soi, en le saisissant de la main gauche à un demi-pied au-dessus de la droite.

Au second, on lâchera le drapeau de la main droite pour l'abaisser de la gauche & le porter toujours à plomb vis-à-vis le genou droit, & on le saisira avec la main droite à hauteur du menton, le talon à quatre doigts de terre, les deux épaules également avancées.

Au troisième, on lâchera le drapeau de la main gauche pour en poser vivement le talon à terre à côté de la pointe du pied droit, observant de lever le pied droit en même-temps que le drapeau arrivera à terre, & de le placer aussitôt, en frappant, contre terre, & dans cette position la main droite empoignera le drapeau à la hauteur de l'épaule, & la main gauche tombera pendante le long de la cuisse.

Pour porter ensuite le Drapeau.

ON l'exécutera en trois temps :

Au premier, on élèvera le drapeau de la main droite, en le rapprochant du corps à plomb, & la main gauche le saisira à un pied au-dessous de la droite.

Au second, on lâchera le drapeau de la main droite,

pour le ramener avec la gauche à plomb devant foi entre les deux yeux & l'y faifir avec la main droite à un pied & demi au-deffus du talon, la main gauche à hauteur du menton.

Au troifième, on le placera fur la hanche droite dans la fituation prefcrite pour le porter, & la main gauche tombera pendante.

Pour porter le Drapeau fur l'épaule gauche.

*Porter
le drapeau fur
l'épaule gauche.*

ON l'exécutera en trois temps :

Au premier, on portera brufquement de la main droite le drapeau à-plomb devant foi entre les deux yeux , pour l'y faifir au talon avec la main gauche à hauteur du ceinturon.

Au fecond, on placera avec les deux mains le drapeau fur l'épaule gauche, de manière que le talon foit à hauteur des croffes des fufils de la troupe, que la lance ne s'éloigne ou ne s'approche pas trop de la tête, le coude gauche ferré contre le corps, fans être gêné, le talon du drapeau dans la main gauche, la lance en arrière.

Au troifième , on laiffera tomber la main droite pendante fur la cuiffe.

Pour porter le Drapeau après l'avoir porté fur l'épaule gauche.

Le porter enfuite.

ON l'exécutera en trois temps :

Au premier, on portera la main droite à un pied & demi au-deffus du talon du drapeau , fans le mouvoir.

Au fecond, en ramenant avec la main droite le drapeau à-plomb devant foi , on le faifira de la main gauche à hauteur du menton.

Au troifième, on placera le drapeau fur la hanche droite, & la main gauche tombera pendante.

Pour saluer du Drapeau en le portant, soit de pied-ferme, soit en marchant. Titre II.

ON le fera en six temps :

Au premier, on fera un *à droite* sur le talon gauche, *Salut du drapeau.* en portant le drapeau perpendiculairement devant soi & l'empoignant de la main gauche à un demi-pied au-dessous de la droite.

Au second, on le saisira au talon avec la main droite.

Au troisième, on baissera la lance contre terre, en laissant glisser la main gauche à environ deux pieds de la droite, qui sera à hauteur de l'épaule; les bras seront tendus.

Au quatrième, on replacera le drapeau perpendiculairement devant soi, en rapprochant la main gauche à un pied de la droite.

Au cinquième, la main droite empoignera le drapeau à un demi-pied au-dessous de la gauche.

Au sixième, on fera *face en tête* en appuyant le talon contre la hanche, & la main gauche tombera pendante.

Lorsqu'on fera ce salut en marchant, on observera de ne commencer le premier temps que lorsqu'on sera à trois pas de la personne qu'on devra saluer, en exécutant le premier temps au premier pas que fera le pied gauche, le deuxième temps au deuxième pas qui sera le premier du pied droit, & ainsi de suite.

Dans aucun cas, les Officiers ne salueront personne du chapeau, qu'ils ne devront ôter que pour le Saint-Sacrement.

Dans les haltes un peu longues, les Officiers se *Les Officiers exécuteront*

T itre II.

*les mêmes
mouvemens
que les troupes.*

repoferont fur leurs armes, les poferont à terre, les reprendront & les reporteront en même-temps que la troupe : on plantera les drapeaux en terre, & on y pofera une Sentinelle pour les garder.

Lorfque les Soldats porteront l'arme au bras, les Porte-drapeaux porteront leurs drapeaux fur l'épaule gauche.

Les Officiers feront tenus de mettre la baïonnette au bout du canon, & de la remettre dans fon lieu en même temps que leur troupe.

Lorfque les Soldats fe repoferont fur leurs armes en deux temps, les Officiers exécuteront auffi ce mouvement en deux temps :

Au premier, en portant vivement le fufil avec la main droite perpendiculairement en avant, le faififfant de la main gauche, & en même temps la main droite l'empoignera au défaut de la monture, le laiffant couler de façon que le bout du canon fe trouve à hauteur de l'œil droit.

Au fecond, on pofera la croffe à terre, la main gauche pendante, & l'Officier pourra alors ne plus conferver l'immobilité.

Pour porter le fufil lorfqu'on fera repofé fur les armes.

O n l'exécutera en deux temps :

Au premier, en levant vivement le fufil avec la main droite, qui le quittera en même temps pour empoigner le chien & la fougarde, pendant que la main gauche le faifira à la capucine, afin de venir dans la pofition du fecond temps du maniement du fufil de l'Officier pour porter les armes lorfqu'on eft repofé deffus.

Au fecond, on achèvera de le porter.

Pour

1. Janvier 1766.

'7

Pour porter l'arme au bras.

ON l'exécutera en trois temps:

Au premier, on portera avec la main droite, le fufil en avant, entre les deux yeux & à plomb, le canon en dedans, le faififfant de la main gauche à la capucine, & l'élevant à hauteur du menton; & en même temps la main droite empoignera le fufil à quatre pouces au-deffous de la platine.

Au fecond, on retournera le fufil avec la main droite, le canon en dehors, pour l'appuyer à l'épaule gauche, & on paffera l'avant-bras gauche horizontalement fur la poitrine, entre la main droite & le chien, pour l'appuyer fur l'avant-bras gauche.

Au troifième, la main droite tombera pendante fur le côté.

Pour porter les armes.

ON l'exécutera en trois temps:

Au premier, on portera la main droite, en frappant, à la poignée du fufil.

Au fecond, on détachera avec la main droite le fufil pour le porter vivement & perpendiculairement contre l'épaule droite, & le faififfant avec la main gauche à hauteur de l'épaule gauche; la main droite fe retournera en même temps pour empoigner la fougarde & le chien.

Au troifième, on achèvera de le porter.

C

TITRE III.

De l'École des Fourriers & des Sergens.

ARTICLE PREMIER.

De l'Instruction.

Sergens tenus de savoir exécuter toutes les parties de l'Exercice.

LES Fourriers & les Sergens seront tenus de savoir exécuter avec la plus grande précision le maniement des armes qui leur est particulier, celui du Soldat, & tout ce qui concerne la marche, les manœuvres, les évolutions & l'exécution des feux.

Veut Sa Majesté que si quelqu'un des bas Officiers se négligeoit dans les instructions, ou qu'il n'eût pas les qualités nécessaires, il soit cassé & remis au nombre des simples Soldats de la compagnie dont il sera.

Examinés & exercés par les Officiers de l'État-major & ceux de leur compagnie.

A cet effet, ils seront exercés & examinés un à un toutes les fois que le Commandant l'exigera, par le Capitaine & les Officiers subalternes de leur compagnie, ou par l'Aide-major & le Sous-aide-major de leur bataillon, qui en rendront compte au Major, & après avoir été examinés un à un, on les exercera ensemble.

Ceux desdits Fourriers & Sergens, qui lors de cet examen se trouveront avoir oublié quelqu'un des principes des Exercices, seront remis à l'exercice journalier jusqu'à ce qu'ils n'y manquent plus.

19

ART. 2.

*Du maniement du fusil pour les Fourriers & Sergens,
& de la manière de porter les armes.*

LES Fourriers & les Sergens porteront le fusil, mettront la baïonnette au bout du canon, la remettront en son lieu, poseront le fusil à terre, le reprendront, & porteront l'arme sur le bras droit, comme il a été prescrit ci-dessus pour les Officiers.

Manière dont ils doivent porter le fusil, mettre la baïonnette au bout du canon, la remettre en son lieu, &c.

Toutes les fois que les Fourriers & les Sergens des compagnies de Grenadiers ou de Fusiliers, seront sous les armes, ils ne salueront, ainsi que les Officiers, personne du chapeau, ils ne se découvriront que pour le Saint-Sacrement.

Fourriers & Sergens ne doivent point ôter leur chapeau.

Dans les haltes un peu longues, les Fourriers & les Sergens se reposeront sur leurs armes, les poseront à terre, les reprendront, & les reporteront ensuite en même temps que les Soldats.

Se reposeront sur les armes, les poseront à terre, les reprendront & les porteront en même temps que la troupe.

Les Fourriers & Sergens mettront la baïonnette au bout du canon, & la remettront en son lieu, en même temps que la troupe.

Fourriers & Sergens mettront la baïonnette au bout du canon avec la troupe.

TITRE IV.

De l'École des Caporaux.

ARTICLE PREMIER.

De l'Instruction.

LES Caporaux seront tenus, non-seulement de savoir exécuter avec la plus grande précision, le petit maniement

Tenus de savoir exécuter

TITRE IV.

*& montrer tous
les Exercices.*

*Examen
des Caporaux.*

des armes qui leur eſt particulier, celui du Soldat qui leur eſt commun, & tout ce qui concerne la marche, les manœuvres, les évolutions & l'exécution des feux; mais auſſi d'être en état d'en inſtruire les Soldats, de les dreſſer, de les exercer, de les diſcipliner, & de s'en faire obéir.

Veut Sa Majeſté que le Capitaine, les Aides-major, les Sous-aides-major, les Officiers ſubalternes & les Sergens de chaque compagnie, excercent & examinent toutes les fois qu'on le jugera à propos, les Caporaux un à un, pour les tenir toujours en état de veiller à l'inſtruction des Soldats.

Si un Caporal avoit oublié deux fois de ſuite quelque partie des principes des Exercices, il ſera remis à l'Exercice journalier, juſqu'à ce qu'il ne manque plus, & la troiſième fois il ſera caſſé & remis au nombre des Soldats.

A R T. 2.

Du maniement du fuſil pour les Caporaux.

*Doivent porter
les armes comme
le Soldat, excepté
quand ils
repréſentent des
Sergens.*

LES Caporaux porteront en toute occaſion le fuſil, comme le Soldat; mais s'ils doivent repréſenter des Sergens, ou marcher à la tête d'une diviſion ou d'une poſe de Sentinelles, ils porteront le fuſil ſur le bras droit, comme les Officiers & les Sergens, & ils exécuteront ce changement en trois temps:

*Manière de faire
ce changement.*

Au premier temps, on portera la main droite ſous la platine ſans mouvoir le fuſil, le pouce alongé ſur la contre-platine, & le premier doigt appuyé contre le chien.

Au ſecond, le portant perpendiculairement avec la main droite, entre la tête & l'épaule droite, & le faiſant tourner de façon que la baguette soit en dehors, la main droite empoignant alors le chien & la fougarde, & la main gauche le saisissant à hauteur de l'épaule.

Au troisième, on achèvera de le porter.

Pour porter ensuite le fusil comme le Soldat doit le porter.

ON l'exécutera en trois temps :

Au premier temps, en détachant le fusil de l'épaule droite, on l'amènera perpendiculairement entre les deux yeux, la main gauche le saisissant à hauteur de la cravate, & la main droite quittant le chien & la fougarde, pour le prendre à la poignée du fusil.

Au second, on relèvera le fusil de la main droite, le pouce alongé sur la contre-platine, pour porter le canon en dehors & à plomb vis-à-vis l'épaule gauche : on placera en même temps la main gauche, en frappant, à la crosse, les trois derniers doigts sous la crosse ; le premier sur la vis, le pouce au-dessus, le bec de la crosse appuyé légèrement sur l'os de la hanche au défaut de la cuisse, le coude en arrière, sans affectation, ni trop serré ni trop détaché.

Au troisième, on placera le fusil contre l'épaule gauche, en le poussant de la main droite pour achever de le porter.

TITRE V.

De l'École des Soldats & des Tambours.

ARTICLE PREMIER.

De l'École du Soldat.

L'INSTRUCTION particulière du Soldat doit embrasser le soin à prendre de toutes les parties de l'habillement, de l'armement & de l'équipement; la manière de connoître, d'entretenir & de bien se servir de ses armes; la connoissance de la véritable position du corps pour bien se tenir & bien marcher; la manière de manœuvrer, d'exécuter les différens feux, & l'ordre à observer dans les marches.

Ne doivent être instruits que successivement.

On aura attention de ne montrer aux Soldats que successivement toutes les parties qu'ils doivent savoir, & on tiendra exactement la main à ce qu'ils ne se négligent sur aucun point; l'intention de Sa Majesté étant qu'aucun Soldat ne puisse monter la garde qu'après qu'il saura suffisamment toutes les parties du service.

Recrues toujours exercées par le même bas Officier.

Chaque Capitaine choisira dans sa compagnie, le Fourrier, Sergent ou Caporal le plus au fait, pour excercer les Soldats de recrues un à un, ensuite deux ou trois ensemble, tant sur le maniement des armes, qu'aux différens pas de la marche, sur la nécessité de régler leurs mouvemens sur les hommes de la droite, & sur l'exécution des mouvemens nécessaires à chacun des trois rangs pour mettre en joue, tirer & recharger; l'intention de Sa Majesté étant que lorsque ce choix aura été une fois fait, il ne puisse être changé sans des raisons essentielles, afin que tous les hommes de recrues étant exercés par le même homme, puissent dans tous les cas avoir les mêmes principes.

Exercice des différentes classes.

Lorsqu'il y aura huit ou dix hommes en état d'être exercés ensemble, le Lieutenant ou le Sous-lieutenant rassembleront chacun ceux des deux sections, & présideront aux exercices, manœuvres, différentes évolutions & exécutions des feux.

1. janvier 1766.

23

Lorſqu'il y en aura dix-huit ou vingt, le Capitaine en ſera chargé lui-même.

Il ſera formé de ces différens Soldats pluſieurs claſſes; tous les Caporaux & les Soldats les plus inſtruits formeront la première, & ſeront toujours exercés enſemble; les autres Soldats formeront les autres claſſes, auxquelles ils ne monteront que ſur le témoignage du Fourrier, du Sergent ou du Caporal, qui ſera chargé de les exercer.

Ceux de la première claſſe qui montreront quelque négligence ou mauvaiſe volonté, ſeront remis à la dernière claſſe, & ne pourront remonter à la première qu'après un nouvel examen.

Auſſi-tôt que les Soldats ſeront exercés aux différens pas de la marche & au maniement des armes, on les perfectionnera dans la charge du fuſil; à cet effet on les fera charger à vide avec une cartouche de bois de même modèle que les cartouches ordinaires, & on les fera tirer un à un, enſuite par une ou pluſieurs files & par demi-ſection; & alors on armera les fuſils de pierre de bois pour ne pas gâter la batterie.

Les Lieutenans ou Sous-lieutenans, & enſuite les Capitaines commanderont les mêmes manœuvres, à meſure qu'il ſe formera un nombre de Soldats ſuffiſamment inſtruits, ainſi qu'il a été preſcrit pour l'Exercice, & ils les feront paſſer à meſure dans les différentes claſſes qui ſeront formées pour ce genre de manœuvre.

Les Soldats qui ſe ſeront abſentés par congé, ſeront à leur retour, exercés ſéparément par leur Caporal, & ne pourront rentrer dans la première claſſe que ſur le témoignage dudit Caporal.

Lorſque le Major jugera les Soldats de la première claſſe de chaque compagnie, en état d'être exercés enſemble, il chargera l'Aide-major de chaque bataillon de réunir les Officiers, les bas Officiers & les Soldats de ladite première claſſe de deux compagnies, & ſucceſſivement de pluſieurs compagnies, pour les exercer enſemble à toutes les parties des Exercices autant de fois qu'il ſera jugé néceſſaire par le Commandant ou par les Officiers ſupérieurs du corps.

On exercera enſemble la première claſſe de chaque bataillon deux fois par ſemaine, pendant les mois de Juin, Juillet, Août & Septembre; & une fois la ſemaine pendant les mois de Mai & d'Octobre; & le reſte de l'année on s'appliquera à l'exercice en détail.

Exercice des régimens ou bataillons entiers.

Tous les bataillons du même régiment, ſeront exercés enſemble une fois la ſemaine depuis le 1.er Juin juſqu'au dernier Septembre, & tous les quinze jours pendant les mois de Mai & d'Octobre; bien entendu que ces Exercices généraux tiendront lieu de ceux qui ont été preſcrits ci-deſſus deux fois par ſemaine.

Ces exercices ne dureront pas plus de trois heures; dans les grandes chaleurs, les Troupes y ſeront conduites de bon matin, & ramenées au plus tard à neuf heures, ou elles y ſeront conduites le ſoir après l'extinction des grandes chaleurs.

Travailleurs obligés de ſe trouver aux Exercices.

Les Soldats auxquels il aura été permis de travailler en ville, ne pourront être diſpenſés de ſe trouver aux Exercices généraux d'un régiment ou d'un bataillon entier, s'ils n'en ont obtenu la permiſſion du Capitaine, viſée par

25

par le Commandant du corps, qui ne pourront cependant l'accorder qu'aux Soldats de la première classe.

Quand un régiment ou un bataillon entier devra prendre les armes, on pourra faire relever les gardes de ce régiment ou bataillon, s'il y a plusieurs régimens ou bataillons dans la garnison.

On profitera des premiers beaux jours du printemps, & même de ceux du mois de Mars, s'il est possible, pour commencer les Exercices dans le plus grand détail. Chaque Caporal exerçant séparément son escouade, chaque Sergent sa demi-section, chaque Lieutenant ou Sous-lieutenant sa section, chaque Capitaine la première classe de sa compagnie; plusieurs compagnies ne devant être exercées ensemble que lorsque le Major le trouvera convenable.

Entend au surplus Sa Majesté, que les Troupes qui seront en garnison dans les citadelles, forts & châteaux, ne puissent en sortir pour les Exercices qu'en exécution d'une permission particulière de Sa Majesté.

A R T. 2.

De l'École des Tambours.

LE Tambour-major sera chargé de l'instruction des Tambours, & en sera responsable à l'Aide-major de chaque bataillon; le plus ancien Tambour de chaque bataillon répondra de ceux de son bataillon, si les bataillons sont séparés.

Cette Instruction doit embrasser la tenue, la marche

Titre V.

Gardes relevées pour les Exercices.

Temps des Exercices.

Troupes ne sortiront des citadelles, forts & châteaux, sans permission.

Tambour-major chargé de leur instruction.

& la manière dont les Tambours doivent battre toutes les batteries avec précision.

On suivra la marche & les batteries réglées en 1754, & les Commandans des provinces & des places tiendront la main à ce qu'on ne s'en écarte en aucun point.

On exercera les Tambours, d'abord un à un, ensuite deux ensemble, & successivement un plus grand nombre.

Lorsqu'ils seront parvenus au degré de perfection nécessaire, ils seront exercés deux fois par semaine pendant l'hiver, & pendant l'été ils ne le seront que les jours qu'on exercera leur bataillon entier.

A R T. 3.
De l'ordre à observer dans les marches.

ON exercera les régimens à observer l'ordre qu'ils doivent tenir dans les marches; pour cet effet, chaque régiment ou chaque bataillon sortira une fois tous les quinze jours du lieu où il sera en garnison, pour aller faire une lieue dans les environs, & ils y rentreront ensuite, à la réserve cependant des régimens ou bataillons qui seront en garnison dans les citadelles, forts ou châteaux, qui n'en pourront sortir, ainsi qu'il a été dit ci-dessus, qu'en exécution d'une permission particulière de Sa Majesté.

TITRE VI.

Des Batteries des Tambours, & des Signaux relatifs aux évolutions.

POUR suppléer au défaut de la voix, lorsqu'elle ne pourra se faire entendre sur l'étendue du front des bataillons, on se servira des batteries des Tambours pour annoncer chaque mouvement.

Pour rassembler une troupe, ou pour lui faire serrer les rangs lorsqu'elle sera rassemblée, on fera *appeler*.

Pour marcher en avant, on battra *aux champs*.

Tout mouvement qui n'aura pas été indiqué, sera annoncé par un roulement s'il doit se faire *à droite*, ou par deux s'il doit se faire *à gauche*.

Si le bataillon doit se rompre par divisions, après un ou deux roulemens on donnera deux coups de baguettes, quatre si c'est par demi-bataillon, trois si c'est par peloton, & cinq si c'est par section, après quoi les Tambours battront *aux champs :* le bataillon étant rompu, se reformera dès que l'on battra *aux drapeaux*, & marchera devant lui en bataille.

Il marchera le pas redoublé si l'on bat *la charge*.

Les bataillons entiers feront un *quart de conversion* quand, après un ou deux roulemens suivis d'un coup de baguette, les Tambours battront *aux champs :* s'il y avoit plus d'un bataillon & qu'on voulût leur faire faire ensemble le *quart de conversion*, on ne donnera pas de coup de baguette après les roulemens.

On fera la colonne d'attaque, quand après deux coups de baguette suivis d'un roulement, les Tambours battront l'*assemblée ;* & celle de *retraite*, quand les deux coups de baguette seront suivis de deux roulemens.

Si l'on bat la *retraite*, le bataillon fera *demi-tour à droite* & marchera devant lui.

On fera battre la *berloque* pour envoyer le bataillon à la paille.

Lorsque le Commandant voudra faire manœuvrer la troupe par les batteries ci-dessus désignées, il fera, avec son arme, le signal aux Tambours pour faire les roulemens & donner les coups de baguettes nécessaires pour indiquer la manœuvre que la troupe devra faire.

On ne fera usage de ces batteries de Tambours pour manœuvrer que le moins possible, & on y suppléera par les moyens suivans. Quand celui qui commandera aura fait un commandement, chaque Aide-major, ou à son défaut chaque Sous-aide-major le répétera à son bataillon le plus promptement possible, pour que le mouvement se fasse avec célérité, soit en bataille ou en colonne; & dans ce dernier cas, les divisions exécuteront toujours les mouvemens de celles qui la précèderont.

TITRE VII.

De l'assemblée des compagnies pour les Exercices d'un bataillon ou d'un régiment, & de l'inspection qui doit en être faite.

ARTICLE PREMIER.

Des batteries que les Tambours auront à battre quand un régiment devra prendre les armes.

LORSQUE toute l'Infanterie d'une place ou d'un quartier devra prendre les armes pour s'exercer, tous les Tambours battront *la générale ;* mais s'il n'y a qu'un régiment ou un bataillon qui doive prendre les armes, les Tambours de ce régiment ou bataillon *rappelleront* devant leur quartier.

Différence de ces batteries.

ART. 2.

De l'Assemblée de chaque compagnie, & de l'inspection particulière qui doit en être faite.

UNE demi-heure avant le *rappel,* chaque Caporal rassemblera les Soldats de son escouade, pour examiner s'il ne manque rien aux différentes parties de l'habillement, de l'armement & de l'équipement, si elles sont bien en tout point, & faire remédier sur le champ à ce qui

Inspection des Caporaux.

*Inspection
des Sergens.*

*Inspection
des Officiers.*

*Inspection
des Capitaines.*

*Distribution
des cartouches
à poudre.*

pourroit se trouver de défectueux ; il conduira ensuite son escouade au rendez-vous de sa compagnie.

Les Sergens devront se trouver d'avance à ce rendez-vous pour y réunir les deux escouades de leur demi-section, les mettre en haie, en faire l'appel & l'examen.

Les Lieutenans & Sous-lieutenans seront également obligés de se trouver à l'heure du rappel au rendez-vous de leur compagnie, pour y rassembler leur section, la mettre en haie, en faire faire l'appel devant eux, & examiner s'il ne manque rien de tout point aux Sergens, Caporaux & Soldats. Le Fourrier se trouvera en même temps à ces rendez-vous, ainsi que les Tambours de la compagnie, dont il fera l'examen.

Enfin, les Capitaines seront tenus de se rendre lorsqu'on *rappellera*, au rendez-vous de leur compagnie ; & lorsque ces compagnies auront été mises en haie, portant le fusil, chaque Officier & chaque Sergent à la tête de sa division, les Capitaines feront les commandemens nécessaires pour l'inspection.

Ces dispositions étant faites, les Capitaines passeront devant & derrière le rang, pour examiner avec la plus grande attention si les armes sont déchargées, si elles sont claires, & si les différentes parties de l'armement, de l'équipement & de l'habillement des Officiers & des hommes de leur compagnie sont en état de tout point.

Toutes les fois que l'on fera la visite du linge, on fera aussi celle des sabres.

Pendant que les Capitaines feront cette inspection, les Fourriers distribueront les cartouches à poudre si l'on doit faire l'exercice à feu : on laissera alors les bois des cartouches dans les chambres pour ménager les cartouches à balles & en être plus sûr, & on mettra les cartouches à poudre pour l'exercice, dans la giberne à la place du bois.

Après que les Capitaines auront fini leur inspection, ils feront les commandemens nécessaires pour faire *remettre la baguette en son lieu, porter le fusil & porter l'arme au bras.*

Toutes les fois qu'une troupe prendra les armes, elle gardera la baïonnette au bout du canon après l'inspection jusqu'au moment où on la renverra à son quartier.

ART. 3.

De la marche de chaque compagnie au lieu de l'assemblée de son bataillon.

LES Capitaines ayant fait porter l'*arme au bras* à leur compagnie, ils la feront former sur trois rangs, comme il est prescrit au Titre XII, *des manœuvres par rangs & par files.*

Formation
sur trois rangs
après l'inspection.

Si au lieu de *marcher en avant*, après avoir formé leur compagnie, ils devoient au contraire la faire marcher vers la droite ou vers la gauche, ils lui feront faire un *quart de conversion* par la droite, par la gauche ou sur le centre, après ils la conduiront au rendez-vous de son bataillon dans l'ordre suivant, si les lieux par où elle devra passer lui permettent de marcher toute entière de front.

Ordre
dans lequel

Le Capitaine à deux pas en avant du centre de sa compagnie, ayant derrière lui le Sous-lieutenant dans le centre du premier rang, & le Lieutenant en serre-file à quatre pas en arrière du centre du dernier rang de la première section, le premier Sergent à la droite du troisième rang, le deuxième Sergent dans le centre du troisième rang, le troisième Sergent à la droite du premier rang, le quatrième Sergent à la droite du deuxième rang de la deuxième section, entre le Sous-lieutenant & le deuxième Sergent ; & le Fourrier en serre-file au centre de la deuxième section sur le même alignement du Lieutenant, les Tambours ayant la caisse sur le dos à la tête de tout à quatre pas en avant du Capitaine, les rangs ouverts à deux pas de distance.

Si au contraire leur compagnie ne peut pas marcher de front, les Capitaines la feront rompre par section, & elle marchera comme il suit :

> Les Tambours à la tête.
>
> Le Capitaine.
>
> La première section avec le troisième Sergent à la droite du premier rang, & le premier Sergent à la droite du troisième rang.
>
> Le Sous-lieutenant.
>
> La deuxième section avec le quatrième Sergent à la droite du premier rang, le deuxième Sergent à la droite du troisième rang, le Fourrier & le Lieutenant en serre-file.

On observera dans les camps, de faire faire *à droite* ou *à gauche* à chaque compagnie, pour marcher par le flanc jusque hors des faisceaux ; & dès que la première file de chaque compagnie les aura dépassés, elle fera un *quart de conversion à droite* ou *à gauche* pour prendre le terrain qu'elle devra occuper, & sera suivie

successivement

successivement par toutes les autres files ; & quand la dernière file aura fait son *quart de conversion*, on fera faire *halte à droite* ou *à gauche* pour se trouver en bataille ; & dans le cas où le front du camp ne suffira pas pour mettre le régiment en bataille, la compagnie de Grenadiers se placera derrière le premier peloton de son bataillon, à moins que l'on ne dût marcher ensuite en avant, auquel cas elle se placeroit en avant de ce premier peloton.

ART. 4.

De l'arrivée des compagnies au lieu de l'assemblée de leur bataillon.

LORSQUE les compagnies approcheront du lieu de l'assemblée de leur bataillon, les Capitaines leur feront porter les armes, pour les conduire & les former dans le plus grand ordre sur le terrain qu'elles devront y occuper, chaque Officier, Fourrier & Sergent prenant alors sa place de parade dans le bataillon ; les Capitaines feront ensuite ouvrir les rangs & reposer leur compagnie sur les armes, sans qu'aucun Officier, bas Officier ni Soldat puisse s'écarter de son poste. *Compagnies doivent arriver en ordre sur le terrain de l'assemblée de ces bataillons.*

Les Officiers-majors qui auront dû se rendre d'avance à ce lieu d'assemblée, parcourront le front & la queue de chaque bataillon pour en faire compléter les files & en égaliser, autant qu'il sera possible, les sections & les pelotons, en faisant passer les Soldats excédans d'un peloton dans l'autre. *Officiers-majors feront égaliser les divisions.*

Quant aux Commandans & aux autres Officiers su- *Temps où les Officiers supérieurs*

périeurs des corps, ils se rendront au lieu de l'assemblée le plus tôt possible ; & dès que toutes les compagnies y seront arrivées, ils en feront une inspection générale s'ils le jugent à propos.

Le Colonel, le Lieutenant-colonel, le Major, ou tout autre Officier qui se trouvera commander un régiment sous les armes, un bataillon ou quelque troupe que ce soit, lui fera lui-même les commandemens toutes les fois que ce corps s'exercera.

ART. 5.

Du détachement qui devra aller chercher les Drapeaux.

LORSQU'APRÈS l'arrivée de toutes les compagnies au lieu de l'assemblée de leur bataillon, on enverra chercher les drapeaux, le Commandant ordonnera aux Porte-drapeaux, aux Sergens de leur garde, à tous les Tambours, à l'exception de deux par bataillon, qui resteront à chaque bataillon, & à un Officier-major, de se rassembler en avant de la compagnie de Grenadiers, qui devra aller chercher les drapeaux, & de s'y former, savoir, les Sergens sur un seul rang, à quatre pas en avant du premier rang des Grenadiers ; les Porte-drapeaux de même sur un rang, à deux pas en avant des Sergens ; les Tambours avec la caisse sur le dos, & le Tambour-major à leur tête, sur un ou deux rangs par bataillon, à deux pas en avant des Porte-drapeaux, & enfin l'Officier-major à deux pas en avant du Tambour-major.

Le Capitaine de Grenadiers s'étant mis ensuite à la tête de sa compagnie, à deux pas en avant du premier

35

rang, & lui ayant fait *porter les armes*, puis *porter l'arme au bras*, commandera *marche*, auquel commandement tout le détachement se mettra en mouvement pour se rendre dans cet ordre, & sans bruit de caisse, au lieu où seront les drapeaux; dès qu'il y sera arrivé, l'Officier-major, les Porte-drapeaux & les Sergens de leur garde y entreront pour les prendre, & les Tambours en se plaçant sur la droite ou sur la gauche de l'entrée, démasqueront la compagnie de Grenadiers que le Capitaine rangera en bataille devant la porte, & fera les commandemens pour *porter les armes* & ouvrir les rangs à la distance nécessaire pour y recevoir les drapeaux.

Lorsqu'ensuite les Porte-drapeaux sortiront avec les drapeaux, ils s'aligneront en dehors de la porte & s'arrêteront un moment vis-à-vis la compagnie de Grenadiers, à laquelle le Capitaine fera présenter les armes, & les Tambours battront *au drapeau;* après quoi les Porte-drapeaux avec les Sergens de leur garde à côté d'eux, iront se placer entre le premier & le second rang des Grenadiers sur autant de rangs que le régiment aura de bataillons, & dans le même ordre que ces bataillons seront formés; l'Officier-major & les Tambours iront se placer en même temps à la tête des Grenadiers, le Capitaine ayant fait ensuite *porter les armes* à sa compagnie, il commandera *marche:* à ce commandement tout ce détachement se mettra en mouvement pour marcher dans cet ordre, & les Tambours battront *le drapeau* jusqu'au lieu où sera assemblé le régiment ou le bataillon; en observant que lorsqu'on prendra les armes de grand matin, on ne battra *au drapeau* qu'au moment où ils paroîtront, & lorsqu'ils arriveront sur le terrain de l'assemblée du régiment.

TITRE VII.

qui doit les aller chercher.

Honneurs que ce détachement doit rendre aux drapeaux, la marche pour revenir au lieu de l'assemblée de la troupe.

E ij

Si le régiment est de plusieurs bataillons, les compagnies de Grenadiers iront alternativement chercher les drapeaux, & à leur défaut, le premier peloton de chaque bataillon.

Dans les camps, les Porte-drapeaux en passant du front de bandière aux faisceaux avec les Sergens de leur garde, prendront les drapeaux pour les porter à l'endroit indiqué, au moment que les compagnies se formeront en bataille.

A R T. 6.

De l'arrivée des Drapeaux à la tête du régiment.

A l'approche des drapeaux, le Commandant du régiment ou du bataillon, fera les commandemens pour *porter les armes* & *les présenter*; les Officiers resteront reposés sur leurs armes; les Fourriers & les Sergens porteront les armes sur le bras droit, lorsque les drapeaux ne seront plus qu'à cinq ou six pas de la droite ou de la gauche de la troupe, selon le côté par où ils viendront; les Soldats présenteront les armes pour rendre honneur aux drapeaux; les Porte-drapeaux, avec les Sergens de leur garde, fileront ensuite devant le front du régiment ou du bataillon pour aller occuper leur place de parade, & les Officiers de chaque bataillon salueront avec leurs armes & ensemble les drapeaux, au moment où ils dépasseront de vingt pas le flanc gauche ou le flanc droit du bataillon, suivant le côté par où ils viendront pour occuper leur place dans le bataillon; les Fourriers & les Sergens resteront les armes sur le bras droit.

La compagnie de Grenadiers & les Tambours qui

1. Janvier 1766.

37

auront escorté les drapeaux, iront au pas redoublé prendre leur poste dans leur bataillon en passant derrière la troupe, & dès qu'ils y seront arrivés le Commandant fera cesser de battre le *drapeau*, & ordonnera de *porter les armes*.

TITRE VIII.
De la Formation.

CHAQUE régiment, en se formant en bataille, conservera sans y rien changer, sa division par bataillon, par compagnie de Grenadiers & de Fusiliers, & par section.

Il sera formé sur trois rangs en quelque occasion que ce soit, à moins d'un ordre contraire; mais pour l'exercer quelquefois sur une plus grande profondeur, on lui fera doubler les files, afin de le mettre à six de hauteur, excepté les Grenadiers qui resteront dans tous les cas sur trois rangs. — *Formation sur trois rangs.*

Les bataillons d'un même régiment, ne conserveront d'autre intervalle entr'eux que celui qui sera nécessaire pour placer leur canon, & toutes les fois qu'ils n'en auront pas ils ne conserveront entr'eux que trois pas d'intervalle. — *Intervalle d'un bataillon à l'autre.*

La distance d'un rang à l'autre sera de quatre pas, c'est-à-dire huit pieds à rangs ouverts, de deux pas à rangs demi-ouverts, d'un pied à rangs serrés, & de même d'un pied pendant l'exécution des feux; quant aux Soldats du même rang, il suffira que leurs bras se touchent, mais sans se gêner. — *Distance des rangs.*

Si le régiment est de deux bataillons, le premier sera placé à la droite, & le second à la gauche; s'il y en a — *Arrangement des bataillons.*

trois ou quatre, ils feront placés fucceffivement un, deux, trois & quatre.

S'il n'y a qu'un bataillon, il aura fes Grenadiers à fa droite.

S'il y en a deux, la feconde compagnie de Grenadiers fera à la gauche de fon bataillon pour fermer le régiment.

S'il eft de trois bataillons, la compagnie de Grenadiers du premier bataillon fe placera à la droite de fon bataillon, & les feconde & troifième compagnies de Grenadiers fe placeront à la gauche de leurs bataillons.

S'il eft de quatre bataillons, la première compagnie de Grenadiers fera à la droite de fon bataillon, la feconde à la gauche du fecond bataillon; la troifième à la droite du troifième, & la quatrième à la gauche du quatrième bataillon.

Compagnies de Fufiliers, appelées pelotons.

La compagnie de Fufiliers du premier Factionnaire, s'appellera le premier peloton; celle du fecond Factionnaire, le troifième peloton; celle du troifième Factionnaire, le cinquième peloton; celle du quatrième Factionnaire, le feptième peloton; celle du cinquième Factionnaire, le fecond peloton; celle du Colonel dans le premier bataillon, ou du Lieutenant - colonel dans le fecond bataillon, le quatrième peloton; celle du fixième Factionnaire, le fixième peloton; celle du feptième Factionnaire, le huitième peloton.

Dans les régimens d'un feul bataillon, la compagnie du Lieutenant-colonel fe nommera le fixième peloton; & celle du fixième Factionnaire, le huitième peloton.

Compofition des demi - bataillons & des divifions.

Au moyen de cette difpofition, le premier demi-bataillon ou le premier demi-rang, fera compofé des

39

première & seconde divisions, formées par les quatre pelotons de la droite; le second demi - bataillon sera composé des troisième & quatrième divisions, formées par les quatre pelotons de la gauche; la première division comprendra les premier & second pelotons; la seconde division sera formée des troisième & quatrième pelotons; la troisième division comprendra les cinquième & sixième pelotons; & la quatrième division sera composée des septième & huitième pelotons.

Chaque compagnie de Grenadiers sera divisée en deux sections de deux escouades chacune; chaque peloton sera divisé pareillement en deux sections de quatre escouades chacune, plaçant les plus grands hommes dans les premier & troisième rangs, & les autres dans le second.

Formation des compagnies de Grenadiers & de Fusiliers.

Le Capitaine de la compagnie de Grenadiers qui sera à la droite de son bataillon, se placera à la droite du premier rang, ayant derrière lui au troisième rang le premier Sergent; le Sous-lieutenant sera placé dans le centre du premier rang à la droite de la seconde section, ayant derrière lui au troisième rang le second Sergent; le Lieutenant se placera en serre-file, à quatre pas en arrière du centre du dernier rang de la première section; & le Fourrier, à quatre pas en arrière du centre du dernier rang de la seconde section.

Place des Officiers, Sergens & Fourriers des compagnies de Grenadiers, dans le rang.

Le Capitaine de la compagnie de Grenadiers qui sera à la gauche de son bataillon, se placera à la gauche de sa compagnie, ayant derrière lui le premier Sergent au troisième rang & les autres Officiers & bas Officiers, comme il est prescrit pour les compagnies de Grenadiers qui tiennent la droite de leur bataillon.

Titre VIII.

*Place
des Officiers
& Sergens
des compagnies
de Fusiliers.*

Dans les sept premiers pelotons de chaque bataillon, le Capitaine se placera à la droite du premier rang; le Sous-lieutenant au centre à la droite de la seconde section; le Lieutenant en serre-file derrière le centre de la première section; le premier Sergent à la droite du troisième rang derrière le Capitaine; le second Sergent dans le centre du troisième rang derrière le Sous-lieutenant; le troisième Sergent à la droite du second rang, entre le Capitaine & le premier Sergent; le quatrième Sergent à la droite du second rang de la seconde section, entre le Sous-lieutenant & le second Sergent; & le Fourrier en serre-file au centre de la seconde section, à quatre pas en arrière, excepté dans les bataillons Colonels & Lieutenans-colonels où les Lieutenans de ces compagnies se mettront à la place des Capitaines; & au huitième peloton, qui est celui de la gauche des bataillons, le Capitaine se mettra à la gauche du premier rang, le premier Sergent à la gauche du troisième rang, & le troisième Sergent remplacera le Capitaine à la droite du premier rang.

*Place
des drapeaux.*

Le premier Porte-drapeau se placera dans le second rang, entre la première & la seconde file de la droite de la première section du troisième peloton, ayant devant lui le premier Sergent de sa garde au premier rang, & derrière lui au troisième rang le second Sergent de sa garde; le second Porte-drapeau se placera au second rang, entre la première & la seconde file de la gauche de la seconde section du sixième peloton, ayant de même devant & derrière lui les deux Sergens de sa garde.

Les premiers Sergens du deuxième & du quatrième peloton serviront de garde au premier drapeau, ceux

des

41

des cinquième & sixième pelotons serviront de garde au deuxième drapeau; & ces quatre premiers Sergens seront remplacés dans les rangs par quatre Caporaux des mêmes compagnies.

Mais dans les régimens d'un bataillon, ce seront les Sergens des cinquième & septième pelotons qui serviront de garde au second drapeau.

Les places des Officiers qui manqueront, seront remplies, savoir; celle du Capitaine, par le Lieutenant; celle du Lieutenant, par le Sous-lieutenant; & celle du Sous-lieutenant, par le plus ancien Sergent, en observant toutefois qu'il y ait toujours le même nombre de serre-files.

Officiers manquans, par qui remplis.

Les Porte-drapeaux seront également remplacés par les plus anciens Fourriers de leur demi-bataillon, & les premiers Sergens remplaceront les Fourriers en serre-file.

Tous les Sergens qui manqueront, seront remplacés par des Caporaux, pour qu'il n'y ait aucun vide dans les files des Officiers.

Dans un régiment d'un bataillon, le Colonel se placera à la tête du premier demi-bataillon; le Lieutenant-colonel à la tête du second, chacun devant la file du drapeau, à deux pas en avant du premier rang.

Place des Officiers supérieurs & de l'État-major.

Si le régiment est de deux bataillons, le Colonel se placera au centre du premier bataillon, & le Lieutenant-colonel au centre du second.

S'il est de trois bataillons, le Colonel se placera au centre du premier bataillon, & le Lieutenant-colonel au centre du troisième.

S'il est de quatre bataillons, le Colonel se mettra au

F

centre du premier , & le Lieutenant-colonel au centre du quatrième bataillon.

Dans les bataillons où il n'y aura ni Colonel ni Lieutenant-colonel, le plus ancien Capitaine de ces bataillons, se mettra en avant du centre.

De quelque nombre de bataillons que soit composé un régiment, le Major se placera toujours derrière le centre, à six pas en arrière des serre-files, & pourra se porter où le service l'exigera ; l'Aide-major se placera à la droite du bataillon, & le Sous-aide-major à la gauche sur l'alignement du Major, pour se porter pareillement par-tout où besoin sera.

Place des Tambours. Les Tambours de chaque bataillon se réuniront derrière le centre dudit bataillon, pour s'y placer sur un ou deux rangs, à deux pas en arrière des serre-files.

Tous les Officiers supérieurs de l'État-major, seront en temps de guerre en cuirasse & à cheval, pour se porter par - tout où besoin sera, & occuperont derrière leur bataillon les mêmes postes qu'au front du bataillon, lorsqu'ils seront à pied.

TITRE IX.

De la Marche.

ARTICLE PREMIER.

Des principes de la Marche.

Observations générales. LA Marche étant une des parties les plus essentielles de tous les Exercices, chaque régiment ne négligera rien pour s'y perfectionner, & savoir sur-tout bien marcher de front avec plusieurs bataillons en ligne & par le flanc.

On distinguera trois sortes de marches; celle que le Soldat fait devant ou derrière lui en ligne droite, celle qui se fait en ligne oblique, & la marche de conversion qui se fait en ligne circulaire.

La marche devant soi en ligne droite, se fera par quatre sortes de pas; le petit pas, le pas ordinaire, le pas redoublé & le pas de route.

La longueur du petit pas sera d'un pied; celle du pas ordinaire, du pas redoublé & du pas de route, de deux pieds, le tout mesuré d'un talon à l'autre; quant à la durée, celle du petit pas & du pas ordinaire sera d'une seconde, pendant laquelle on fera deux pas redoublés: la durée d'un pas de route sera d'un peu moins d'une seconde.

Le pas oblique se fera dans le même espace d'une seconde; il sera au plus de dix-huit pouces d'un talon à l'autre, & on le réglera sur le plus ou le moins d'obliquité de la ligne qu'on aura à parcourir, pour arriver sur le lieu vers lequel la marche sera dirigée.

On redoublera le pas oblique comme le pas ordinaire, en faisant deux pas obliques dans l'espace d'une seconde.

Le pas que chaque Soldat doit faire en marchant en ligne circulaire pour faire un *quart de conversion*, doit être plus raccourci ou plus alongé, selon que celui qui le fait se trouve plus près ou plus éloigné de l'homme qui soutient, lequel ne doit que pivoter sur le talon.

On exécutera le pas ordinaire en avant, en tenant la

Titre IX.

Trois sortes de marches.

Quatre sortes de pas en avant.

Durée de ces pas.

Pas oblique.

Pas de conversion.

tête haute & le corps droit, en se soutenant en équilibre successivement sur une seule jambe & portant l'autre en avant, le jarret tendu, la pointe du pied un peu tournée en dehors, & basse pour raser sans affectation le terrain sur lequel on devra marcher, & poser le pied à terre, de manière que chaque partie y appuie en même temps sans frapper contre terre.

Le pas redoublé s'exécutera de même, en le commençant ayant le jarret tendu, mais on n'assujettira pas le Soldat à le continuer ainsi; on observera seulement de l'accoutumer à ne pas avoir dans la continuité de ce pas les genoux autant pliés que dans le pas de flanc.

Le pas de flanc sera de dix-huit pouces, & s'exécutera toujours au pas redoublé, excepté que le jarret ne sera pas tendu, mais on aura la plus grande attention à ce que les files ne s'ouvrent point en marchant.

Le pas en arrière ne sera que d'un pied, on l'exécutera dans l'espace d'une seconde, en portant successivement un pied en arrère; observant de ne lever le pied qui sera en avant, que lorsque celui qu'on aura porté en arrière, sera assis; & on marquera le premier pas seulement, en présentant le pied gauche en avant.

Quant au pas oblique, on l'exécutera le jarret tendu, en croisant successivement un pied l'un devant l'autre plus ou moins obliquement.

A l'égard du pas de route, on se conformera à la manière de marcher du Soldat la plus commode, eu égard au poids dont il sera chargé; on l'accoutumera seulement à alonger ce pas jusqu'à deux pieds, ce qu'il acquerra aisément par l'habitude.

45

On s'attachera particulièrement à enseigner aux Officiers & aux Soldats, à porter en marchant leurs armes,
de sorte qu'elles ne chancèlent pas; à marcher toujours
bien alignés dans leurs rangs; à couvrir parfaitement
leurs chefs-de-file; à marcher carrément devant eux,
sans se jeter ni à droite ni à gauche & sans raccourcir
leurs pas; à partir du pied gauche pour toutes sortes de
pas, en levant le pied tous ensemble & le posant tous
ensemble à terre; à reprendre le même pas que leurs
rangs, sans s'arrêter s'ils font trop avancés, mais en faisant
deux pas de suite du même pied; & au contraire s'ils font
trop en arrière, à alonger leurs pas plus qu'à l'ordinaire
sans le redoubler; à garder leurs distances sans ouvrir ni
serrer, ni leurs files ni leurs rangs; à s'arrêter au commandement, *halte*, en plaçant sur le champ & appuyant
fortement contre terre le pied qui sera derrière sur le
même alignement que celui de devant.

On ne se servira jamais du son de la caisse pour
commencer à leur apprendre à marcher, on n'en fera
usage qu'après qu'ils seront parfaitement instruits, & on
ne leur en fera aucune habitude.

Toutes les fois qu'ils marcheront devant eux, ou en
reculant sur un front de plus d'une compagnie, ils auront
la tête tournée à droite ou à gauche, pour s'aligner sur
le centre en marchant.

S'ils marchent obliquement, ils tourneront la tête du
côté vers lequel ils devront diriger leur marche.

Dans les *quarts de conversion*, ils la tourneront du côté
de l'aile qui marchera; & dès que le *quart de conversion* sera
fait, ils la tourneront brusquement à droite ou à gauche.

*Règle à observer
en marchant.*

*Point de bruit
de caisse
pour apprendre
à marcher.*

*Position de la tête
en marchant.*

Toutes les fois que pendant les manœuvres, on commandera, *à droite, à gauche, demi-tour à droite* ou *front*, on l'exécutera très-vivement, & en un temps; à la fin de chaque commandement sans hommes d'aile.

ART. 2.
De la marche en bataille.

Règle à observer en marchant en bataille.

A moins d'un ordre contraire, tout régiment qui devra marcher en bataille, portera ses armes & marchera le pas ordinaire avec les rangs serrés, c'est-à-dire, à un pied de distance; ses Tambours battront *aux champs*, il marchera ensuite au pas redoublé si on lui en fait le commandement, & les Tambours battront *la charge;* mais il ne fera *haut les armes* qu'au commandement qui lui en sera fait à quinze pas de l'ennemi, pour le charger à l'arme blanche, & alors les derniers rangs se serreront entièrement sur le premier; ils fraiseront de même le bataillon toutes les fois qu'on leur en fera le commandement.

Marchescutigre au pas redoublé.

On exercera chaque régiment, & même plusieurs régimens ensemble s'il est possible, à marcher habituellement le pas redoublé, étant à trois & à six de hauteur, même jusqu'à quatre ou cinq cents pas de suite, dans toutes sortes de terrains, sans jamais augmenter ni diminuer leurs intervalles ni leurs distances. On les exercera aussi à marcher en reculant, mais jamais plus de quinze à vingt pas de suite.

L'Officier de la droite doit laisser deux pas de distance

Lorsqu'on marchera ainsi en bataille, en avant ou en arrière, toutes les têtes du demi-bataillon de la droite se tourneront à gauche, & toutes celles du demi-bataillon de la gauche se tourneront à droite, pour prendre le point de vue sur le centre, & marcher toujours carrément devant soi; ayant soin d'avoir toujours les yeux sur le Colonel, le Lieutenant-colonel ou le plus ancien Capitaine qui marchera à la tête, pour laisser toujours deux pas de distance de cet Officier supérieur au premier rang qui le suit; il observera lui-même de marcher bien carrément devant lui.

Lorsqu'un ou plusieurs régimens marcheront ensemble, en ligne, les Officiers supérieurs de ceux de la droite auront la tête tournée à gauche, & ceux de la gauche la tourneront à droite, afin de s'aligner entr'eux sur le centre.

Pour faciliter l'alignement dans les bataillons, les Capitaines qui formeront les ailes de leur bataillon s'avanceront au commandement *marche*, deux pas en avant du premier rang, ils auront grande attention de marcher bien droit devant eux, & de s'aligner avec celui qui marchera au centre; ces trois Officiers serviront d'alignement à tout le bataillon.

Les Officiers-majors veilleront à ce que chaque régiment & chaque bataillon conserve en marchant en bataille, ses files & ses rangs bien dressés, & qu'ils soient bien alignés avec les rangs des autres régimens & des autres bataillons; à cet effet, ils parcourront continuellement leur bataillon de la droite à la gauche pour le dresser & donner par-tout les instructions nécessaires.

Pour que tout le monde soit bien aligné dans un bataillon qui marchera en bataille, il faut que le demi-rang de la droite, qui a la tête à gauche ne voie que le flanc de l'Officier qui marche deux pas en avant de la gauche,

TITRE IX.

du premier rang à l'Officier supérieur.

Officiers-majors chargés de veiller à ce que les régimens marchent bien alignés.

& de même que le demi-rang de la gauche ne voie que le flanc de l'Officier qui marche deux pas en avant de la droite.

Quand on marchera en retraite & qu'on voudra faire promptement *face en tête*, on commandera:

1. *Bataillon (ou Régiment).*
2. *Front.*

Le premier commandement ne servira que d'avertissement.

Au second commandement, qui ne se fera qu'au moment où l'on sera prêt à poser le pied gauche à terre ; tout le bataillon fera vivement un *demi-tour* à *droite*, s'arrêtera, & ramènera le pied droit ; après quoi si on veut *marcher, tirer* ou *s'aligner,* on en fera le commandement.

ART. 3.
De la marche de conversion.

Quart
de conversion.

POUR que la conversion se fasse régulièrement, il faut que les rangs soient serrés, que tous les Officiers & les Soldats se mettent en mouvement ensemble, qu'ils aient toujours les yeux sur l'Officier placé au flanc extérieur de l'aile qui devra tourner, cet Officier devant marcher au pas redoublé ; qu'ils règlent leur marche sur la sienne, de manière qu'ils lèvent chaque pied en même temps & autant de fois que lui ; & qu'ils ne gagnent, à chaque pas, ni plus ni moins de terrain qu'il sera nécessaire pour se tenir à même hauteur & achever ensemble le *quart de conversion,* au commandement *halte,* & tout le monde ramènera le pied en frappant vivement & ensemble à terre : le *quart de conversion* achevé, toute la troupe retournera brusquement la tête *à droite* & restera immobile ; & si elle

à

49

a befoin de s'aligner, le Commandant en fera le commandement, *alignez-vous;* à ce commandement, le demibataillon de la droite tournera la tête *à gauche* pour s'aligner fur le centre, & les Soldats entr'eux s'aligneront, de façon que les épaules fe touchent, & qu'ils puiffent découvrir la poitrine du troifième homme de leur gauche ou de leur droite : il eft encore néceffaire que les Officiers & les Soldats aient grande attention de ne pas fe féparer en tournant, de l'Officier ou du Soldat qui eft du côté qui foutient, & que les Officiers & les Sergens de ferre-file tournent bien alignés entr'eux, & qu'ils empêchent les derniers rangs de refter en arrière, en les obligeant au contraire à refter continuellement ferrés fur le premier.

ART. 4.
De la marche en colonne.

TOUTES les fois qu'un régiment devra fe rompre pour marcher en colonne, le plus ancien Officier de chaque divifion, fe portera au pas redoublé au centre de la divifion, à deux pas en avant du premier rang, à la fin du commandement, *rompez le bataillon,* & il fera remplacé au premier rang par le Sergent qui le fuit; dès que la divifion fe mettra en bataille, il reprendra fa place ordinaire dans les rangs.

Le plus ancien Officier à la tête de chaque divifion.

Tous les autres Officiers, les Fourriers & les Sergens de chaque divifion refteront à leur place ordinaire, dans les rangs ou en ferre-file, ceux de ferre-file fe rapprocheront feulement, à deux pas du dernier rang.

Les autres Officiers dans les rangs.

Le Colonel & le Lieutenant-colonel refteront à la tête de la divifion, devant laquelle ils font placés dans l'ordre

Place des Officiers fupérieurs

G

de bataille & marcheront deux pas en avant de l'Officier qui sera à la tête de cette division; bien entendu qu'ils pourront se porter de-là par-tout où besoin sera.

Le Major marchera à la tête du régiment, à deux pas en avant de l'Officier qui sera à la tête de la première division; l'Aide-major & le Sous-aide-major de chaque bataillon se tiendront sur les ailes, l'un sur le flanc droit, l'autre sur le flanc gauche; mais en observant dans les bataillons où sera le Colonel ou le Lieutenant-colonel de se tenir à portée de lui pour recevoir ses ordres.

Les Tambours de chaque bataillon se placeront sur un ou deux rangs sur le flanc de la colonne à hauteur du quatrième peloton; & lorsque le terrain ne leur permettra pas d'y marcher, ils se placeront dans la colonne entre le quatrième & le cinquième peloton.

Si les divisions ne font en colonne que pour manœuvrer, les rangs resteront serrés, & toutes les divisions se mettront en mouvement à la fois pour marcher, en conservant toujours entr'elles un espace égal à l'étendue de leur front, cette distance sera comptée du premier rang de la division au premier rang de celle qui précèdera.

Si l'on avoit beaucoup de chemin à faire faire à ces divisions, on fera ouvrir les rangs à deux pas de distance pour leur donner plus d'aisance à marcher, auquel cas si le front des divisions est assez étendu pour que les rangs puissent s'ouvrir ainsi, sans alonger la colonne, le premier rang de toutes les divisions s'ébranlera en même temps, puis le second, puis le troisième, & la distance d'une division à l'autre n'en sera pas moins égale alors à

l'étendue de leur front, quoiqu'il y ait moins d'espace
entre le premier rang de la division & le dernier rang
de celle qui la précèdera ; mais si le front des divisions
ne permet pas d'ouvrir les rangs à deux pas de distance,
sans alonger la colonne, la première division se mettra en
mouvement seule, successivement par rang ; puis la seconde,
& ainsi des autres, en observant qu'il n'y ait alors que
deux pas de distance entre l'Officier qui sera à la tête de
la division & les serre-files de celle qui la précèdera.

Les files des ailes de la colonne seront toujours alignées
par la droite ou par la gauche, sur le côté par où le
régiment devra se mettre en bataille.

Lorsqu'en marchant, il se trouvera quelque empêche-
ment qui ne permettra pas au front de la colonne de
passer en entier, si l'on marche alors à rangs ouverts, à
deux pas de distance, & que le passage soit sur la droite, les
hommes de la gauche de chaque rang qui ne pourront
pas marcher devant eux prendront le petit pas au commandement de l'Officier pour doubler, & doubleront par
le pas oblique derrière ceux qui auront marché, dès que
les premiers les auront dépassés : la même chose s'observera par ceux de la droite, si le défilé est à gauche ; &
quand le défilé sera au centre, ceux du centre passeront
les premiers, & ceux de la droite & de la gauche doubleront de même derrière le centre pour passer après.
Mais si l'on marchoit à rangs serrés, les trois rangs, de
la droite, du centre, ou de la gauche de chaque division
qui se trouveront devant le défilé, passeront ensemble
les premiers ; les trois autres rangs passeront ensuite.

Le mouvement ne se commencera dans chaque

*Files des ailes
de la colonne,
comment alignées.*

Passage du défilé.

T i t r e IX.

G ij

division que tout près du défilé, & dès qu'elle l'aura passé elle dédoublera ses files. On aura attention, soit en doublant, soit en dédoublant, de ne se rejeter jamais, ni sur la droite ni sur la gauche, mais de faire face toujours directement devant soi.

Les parties de rang, qui auront été rompues, se joindront en redoublant le pas, afin qu'il n'y ait point de retardement à la marche de ceux qui les suivront, & que chaque division conserve toujours la même profondeur sans l'augmenter; mais il faut qu'après avoir passé le défilé de dix ou douze pas, la première division de la colonne marche très-lentement pour donner le temps aux parties qui auront doublé de dédoubler au commandement de l'Officier, elle prendra ensuite le pas ordinaire que toutes les autres divisions prendront successivement.

Lorsqu'en marchant à rangs ouverts, il s'agira de faire un *quart de conversion*, l'Officier qui conduira chaque division, commandera, *serrez vos rangs*, aussitôt les derniers rangs se serreront au pas redoublé sur le premier rang, qui continuera de marcher le pas ordinaire; l'Officier ayant attention de faire ce commandement assez à temps, pour que le dernier rang ait achevé de serrer au moment que le premier rang arrivera sur le lieu où la division devra tourner: alors l'Officier commandera, *à droite* ou *à gauche, quart de conversion*; à ce commandement les rangs feront ensemble légèrement le *quart de conversion*, en observant de tourner avec la plus grande exactitude, que les armes ne chancellent point, & que les derniers rangs suivent bien leurs chefs-de-files. Dès que le *quart de conversion* sera fait, l'Officier commandera *marche*; à ce

53

commandement, le pivot cessera de soutenir & toute la division marchera en avant jusqu'à ce qu'ayant dépassé le lieu sur lequel la division aura tourné; l'Officier commandera, *ouvrez vos rangs*, & alors le premier rang continuant de marcher, les autres rangs raccourciront leurs pas & marqueront leurs mouvemens jusqu'à ce qu'ils aient gagné la distance qu'ils avoient avant de tourner pour reprendre le pas du rang qui les précèdera.

Ces commandemens à une division, n'influeront en rien sur la marche de la division suivante, qui observera de ne point ralentir son pas.

Dans tous ces *quarts de conversion*, les Officiers & les Fourriers de serre-file auront attention d'empêcher que les derniers rangs ne restent en arrière; ils se serreront aussi eux-mêmes sur ce dernier rang, tourneront bien alignés entr'eux & marqueront toujours le pas avec leur division; dès que le dernier rang se sera éloigné d'eux à la distance prescrite, ils reprendront la leur.

A R T. 5.

De la marche pour se remettre en bataille.

QUAND après avoir ainsi marché à rangs ouverts, on voudra se reformer en bataille, si la colonne occupe alors plus de terrain que le régiment n'en doit avoir étant formé, on commandera, *divisions, serrez vos rangs en avant;* à ce commandement, les Tambours sortiront de la colonne, s'ils y sont, pour se replacer sur le flanc, & le premier rang de la première division ne marchera plus que le petit pas, tandis que celui des autres divisions continuera de marcher le pas ordinaire, & que les derniers

Se remettre en bataille sur la gauche ou sur la droite.

rangs de chaque division se serreront sur le premier au pas redoublé; aussitôt que les rangs seront serrés, on commandera, *divisions, serrez vos distances :* à ce second commandement, la première division entière ne marchera que le petit pas, les autres se serreront sur elle au pas redoublé, jusqu'à ce qu'elles soient arrivées à la distance prescrite, après quoi elles marcheront avec elle le petit pas; quand la dernière division aura fini de serrer, on commandera *marche ;* à ce commandement, toutes les divisions se mettront en mouvement à la fois pour marcher le pas ordinaire à rangs serrés & à la distance prescrite, jusqu'à ce qu'on leur commande *halte,* & qu'on leur fasse faire ensuite *à droite* ou *à gauche, un quart de conversion* pour les mettre en bataille, pendant lequel mouvement les Tambours battront *au drapeau.*

Se mettre en bataille en avant.

Si la colonne n'étoit pas plus étendue que ne doit l'être le front du régiment, la tête de la colonne ne ralentira pas sa marche, & on pourra la faire mettre en bataille, aussitôt que les rangs seront serrés dans chaque division.

Mais, si au lieu de se remettre ainsi en bataille sur la droite ou sur la gauche, on étoit obligé de le faire (par exemple par la droite) sur un terrain où l'on arriveroit par la droite, sans rien changer à l'ordre ordinaire d'un régiment; alors, après avoir fait serrer les rangs & les divisions, on commandera :

1. *Division, en bataille sur la droite.*

2. *Marche.*

Le premier commandement ne servira que d'avertissement.

55

Au deuxième commandement, les divisions s'ébran-
leront toutes à la fois pour marcher le pas ordinaire en
avant, à l'exception de la première division de la colonne
qui fera un *quart de conversion* par la droite & marchera
ensuite douze pas en avant au commandement de son
Officier; après quoi faisant *halte*, elle dressera ses rangs
& ses files : pendant ce temps la seconde division continuera de marcher en avant, & dès qu'elle sera arrivée à
la gauche de la première qui aura déjà tourné, elle fera
de même un *quart de conversion* par la droite au commandement de son Officier, puis marchera douze pas en
avant pour aller s'aligner avec la première division, ce
qui sera répété successivement par toutes les autres.

Si au lieu d'avoir à se mettre en bataille sur la droite
ou sur la gauche, on devoit se former en avant, & qu'un
bataillon (par exemple en colonne par peloton) arrive
sur son terrain par le centre, on fera serrer tous les
pelotons à la pointe de l'épée sur les Grenadiers, après
quoi on commandera :

1. *Division, en bataille en avant.*
2. *Que le quatrième peloton serve de division
    d'alignement.*
3. *Marche.*

Les deux premiers commandemens ne serviront que
d'avertissement.

Au troisième commandement, les Grenadiers ayant
fait *à droite* marcheront par le flanc, ce qui sera répété
successivement par les premier, second & troisième
pelotons, à mesure qu'en marchant en avant à ce commandement, ils arriveront sur le lieu où les Grenadiers
auront fait *à droite.*

Le quatrième peloton marchera aussi en avant avec les

autres pelotons de la tête, tandis que le cinquième, le fixième, le feptième & le huitième peloton feront un *à gauche*, & par le pas de flanc viendront fe former pendant fa marche fucceffivement à fa gauche; dès que ces cinq pelotons feront arrivés fur l'alignement où les Grenadiers auront commencé leur mouvement, ils y feront *halte*, & les Grenadiers, ainfi que le premier, le fecond & le troifième peloton fe remettront *face en tête*.

Si au lieu de faire ferrer les divifions à la pointe de l'épée, on veut les déployer, on fera faire aux quatre dernières divifions un *demi-quart de converfion à gauche* au moment que celle du centre fera *halte*; & dès que le *demi-quart de converfion* fera fait, elles marcheront droit devant elles pour fe mettre en bataille fur la gauche.

Si au lieu d'arriver fur le terrain précifément par le centre, on y arrivoit un peu plus fur la droite ou fur la gauche, ce ne feroit plus alors le quatrième peloton qui devroit fervir de divifion d'alignement; il faudroit faire marcher le *pas de flanc à gauche* à autant de pelotons de la queue de la colonne, qu'il feroit néceffaire pour remplir tout le terrain qui feroit fur la gauche de la colonne, & dans ce cas le peloton d'alignement feroit le dernier de ceux de la tête qui devroit continuer de *marcher en avant*.

Toutes les fois qu'un régiment devra porter les armes en marchant, on ne fouffrira pas que les Officiers ni les Soldats fe relâchent en rien de l'exactitude avec laquelle ils devront porter leurs armes & former leurs pas; mais lorfque les rangs feront ouverts & qu'on aura du chemin à leur faire faire, on pourra, pour les foulager, leur faire porter l'arme au bras, auquel cas il fuffira qu'ils continuent de marcher alignés dans leurs rangs & dans

leurs

57

leurs files ; les Tambours cessant en même temps de battre, porteront leur caisse sur le dos ; bien entendu qu'il ne sera jamais permis à aucun Soldat de porter l'arme au bras avant que le commandement exprès en ait été fait.

TITRE X.

De la marche d'un Régiment, du lieu de son assemblée à son terrain d'Exercice, de la manière dont il doit y être exercé, & de son renvoi après l'exercice.

ARTICLE PREMIER.

De la marche à son terrain d'Exercice.

LORSQU'APRÈS l'arrivée des drapeaux, le Commandant voudra que le régiment ou le bataillon se mette en marche pour se rendre à son terrain d'Exercice, il fera porter les armes, & serrer les rangs, les Officiers devant rentrer dans les rangs en même temps que la troupe se serrera ; il le fera ensuite rompre par section ou par peloton, puis lui faisant porter l'arme au bras, il le conduira sur le terrain où il lui fera porter les armes & le mettra en bataille, en se conformant au surplus à ce qui est prescrit aux Titres de la *Formation*, de la *Marche* & des *Évolutions*.

Ordre qu'il doit observer dans cette marche.

H

A R T. 2.

De la manière dont il doit y être exercé.

Le régiment étant en bataille, sur son terrain d'Exercice, on commencera par l'exercer au maniement des armes si on le juge à propos, & successivement à la marche, aux évolutions, aux manœuvres & à l'exécution des feux prescrits.

Le Commandant se portera en avant pour faire les commandemens du maniement des armes.

Lorsque le Commandant d'un régiment voudra lui faire faire le maniement des armes, il se portera, suivi d'un seul Tambour, à la distance proportionnée au front du régiment, en avant du premier rang auquel il fera face ensuite pour faire les commandemens suivans:

Prenez garde à vous, bataillon, pour le maniement des armes.

Dispositions pour le maniement des armes.

Après ce commandement, qui ne servira que d'avertissement, il fera faire un roulement, puis donner successivement trois coups de baguettes.

A ce roulement, les Lieutenans de serre-file & les Tambours ne bougeront pas, tous les autres Officiers, Fourriers & Sergens feront *demi-tour à droite*; à l'exception des Fourriers ou Sergens placés sur les flancs du régiment, qui feront *à droite* & *à gauche*; au premier coup de baguette, les Officiers, les Fourriers & les Sergens qui auront fait *demi-tour à droite*, iront se placer derrière le bataillon; savoir, les Sous-lieutenans au centre de leur section avec les Porte-drapeaux & les Sergens de leur garde, sur l'alignement des Lieute-

59

nans de ferre-file; les Capitaines au centre de leur
compagnie, à quatre pas en arrière des Lieutenans; les
Fourriers & le reste des Sergens à quatre pas en arrière
des Capitaines sur un rang; chaque Sergent au centre
de sa demi-section, & chaque Fourrier au centre de
sa compagnie; le dernier Sergent de la gauche se
portera encore quelques pas plus loin en avant, en se
jetant sur sa droite pour servir d'homme-d'aile pour
le *demi-tour à droite*; les Tambours, après ce premier
coup de baguette, rappelleront tout de suite & marcheront le pas en arrière pour s'aligner sur le rang des
Lieutenans, le Tambour-major marchant à leur tête.

A ce même coup de baguette, le chef de la première file de la compagnie de Grenadiers se portera
vingt ou trente pas en avant du premier rang, en
se jetant dix ou douze pas sur sa droite pour servir
d'homme-d'aile; les Sergens des flancs, après avoir fait
un *à droite* ou un *à gauche*, se porteront à douze pas
sur les flancs; l'Aide-major se placera en même temps
à la droite du bataillon, & le Sous-aide-major à la
gauche; tous les deux sur l'alignement du troisième
rang, le Major à la droite à la hauteur du premier
rang, & le Lieutenant-colonel derrière le centre de
son bataillon, à deux pas en arrière des Capitaines, &
les Tambours cesseront de rappeler lorsqu'on leur en
fera le signal.

Au deuxième coup de baguette, tous les Officiers,
les Fourriers, les Sergens & les Tambours feront face
au bataillon pendant que les Soldats s'ouvriront un
peu sur les ailes de leur section, en se jetant brus-

TITRE X.

H ij

quement de côté pour remplir le vide de la file des Officiers, & se tenir prêts à commencer le maniement des armes.

Au troisième coup de baguette, les Officiers, les Fourriers & les Sergens se reposeront sur les armes, en se réglant sur leur droite pour tous les mouvemens qu'ils auront à faire.

Ils resteront ainsi reposés sur leurs armes & immobiles.

Officiers reposés sur leurs armes & immobiles pendant le maniement des armes, doivent examiner si leurs Soldats ne font point de fautes.

Ils examineront avec la plus grande attention si les Soldats exécutent tous les temps avec précision, afin de remarquer ceux qui y manqueront, pour les exercer à part après l'Exercice fini ou pour les punir; mais ils ne les reprendront jamais pendant la durée de l'Exercice.

Défense aux Soldats de ramasser pendant l'Exercice, leur chapeau, leur baguette & leur baïonnette, s'ils les laissent tomber.

Quand un Soldat fera tomber sa baguette, son chapeau ou sa baïonnette, en quelque temps de l'Exercice que ce soit, il ne les ramassera point, & il attendra que le Commandant ordonne à un Sergent de le faire.

Roulement auquel l'homme-d'aile devra commencer le maniement des armes, qu'on fera toujours à la muette.

Aussitôt que les Officiers, les Fourriers & les Sergens seront reposés sur leurs armes, le Commandant fera faire un roulement; l'homme-d'aile devra partir aussitôt après avoir mis l'intervalle d'un temps, pour commencer le maniement des armes, qu'il continuera sans attendre d'autre commandement ni d'autre signal.

Le maniement des armes d'un ou de plusieurs bataillons ne devra jamais se faire qu'à la muette.

Faire revenir les Officiers, Fourriers & Sergens à leur poste.

Si le Commandant ne juge pas à propos de faire recommencer le maniement des armes, il commandera:

Prenez garde à vous pour reprendre vos postes. | TITRE X.

Après quoi il fera faire un roulement suivi d'un coup de baguette.

A ce commandement, l'homme-d'aile fera *demi-tour à droite,* & les Soldats se serreront de droite & de gauche sur le centre de leur section, en se jetant brusquement de côté afin de laisser de la place pour la file des Officiers.

Au roulement, tous les Officiers, les Fourriers, les Sergens, l'homme-d'aile & les Tambours partiront ensemble pour aller occuper leur place ordinaire dans le bataillon; & les Tambours, après ce roulement, *rappelleront* tout de suite jusqu'à ce qu'on leur fasse le signal de cesser.

Au coup de baguette, l'homme-d'aile, les Fourriers & les Sergens qui auront marché sur les flancs se remettront *face en tête,* le Commandant se rapprochera en même temps du bataillon, en renvoyant le Tambour à sa place ordinaire derrière le bataillon.

Si le Commandant juge ensuite à propos d'exercer les Officiers à saluer, il fera ouvrir les rangs & reposer sur leurs armes les Fourriers, les Sergens & les Soldats; puis il ordonnera aux Officiers de sortir des rangs pour occuper leur place de parade, & il les exercera à saluer de leurs armes, & les Porte-drapeaux de leurs drapeaux, de pied ferme & en marchant, se mettant à leur tête & décidant du lieu & du moment où le salut devra se faire; après quoi il leur ordonnera de reprendre leur place ordinaire dans le bataillon pour s'exercer à la marche, aux évolutions, aux manœuvres & à l'exécution des feux.

Dans ces dernières parties des Exercices, on s'attachera de préférence à enseigner au régiment à marcher le pas ordinaire & le pas redoublé en ligne de plusieurs bataillons de front, sans que les rangs & les files cessent d'être alignés, & sans resserrer ni augmenter leurs intervalles ni leurs distances, à marcher légèrement par le flanc sans ouvrir les files, à bien ajuster dans l'exécution des feux & ne tirer jamais qu'au commandement, à bourrer ferme en chargeant & à recharger avec la plus grande vivacité.

Art. 3.

Du renvoi du régiment après l'Exercice.

Quand après la fin de l'Exercice du régiment ou du bataillon, le Commandant jugera à propos de le ramener au lieu de son assemblée, il le fera remettre à trois de hauteur s'il étoit alors à six, & ensuite il le fera rompre pour le ramener dans le même ordre qu'il sera parti & s'y reformer en bataille; après quoi, il fera ouvrir les rangs, & les Officiers prendront en même temps leur place de parade; & il ordonnera à un Officier-major, aux Porte-drapeaux, aux Sergens de leur garde & aux Tambours, de se rassembler à la tête de la compagnie de Grenadiers qui aura été chercher les

drapeaux, pour les reconduire dans le même ordre qu'ils les auront conduits. Au départ des drapeaux, les Tambours battront *le drapeau*, le régiment ou le bataillon présentera les armes, & les Officiers salueront ensemble par bataillon, de la manière réglée pour l'arrivée des drapeaux.

Dès que les drapeaux se seront éloignés de vingt pas, le Commandant ordonnera au régiment ou au bataillon de porter les armes & de serrer les rangs, & les Officiers prendront en même temps leur poste dans le bataillon.

Renvoi du régiment.

Après ces commandemens, chaque Capitaine ramènera sa compagnie à son quartier particulier d'assemblée, d'où cependant il ne la renverra dans ses logemens qu'après avoir fait ôter la baïonnette, décharger les armes, fait retirer les cartouches, & avoir laissé reposer la compagnie, si le temps a été fort chaud.

Renvoi des compagnies.

Aussitôt que les escouades seront rentrées dans leur logement, chaque Caporal visitera les armes de la sienne; & s'il y manque quelque chose, il en avertira sur le champ le Fourrier, pour qu'on le fasse réparer promptement. Il aura pareillement soin que son escouade se mette en état de paroître proprement & bien de tout point, si elle se trouvoit subitement dans le cas de reprendre les armes.

Examen de l'armement, de l'équipement & de l'habillement par les Caporaux, pour faire réparer sur le champ ce qui auroit pu souffrir pendant l'Exercice.

La compagnie de Grenadiers & les Tambours qui auront reconduit les drapeaux, seront ramenés en ordre, & sans battre au lieu de leur assemblée particulière, pour être renvoyés de là dans leur logement, comme il a été prescrit pour le reste du régiment ou du bataillon.

TITRE XI.

Du Maniement des armes.

ARTICLE PREMIER.

Observations générales.

En quoi consiste la perfection du maniement des armes.

LA perfection du maniement des armes consiste en ce que les Soldats soient avec grâce sous les armes; c'est-à-dire qu'ils s'y tiennent la tête & le corps droits d'à-plomb, les pieds bien placés, les talons joints, & la tête un peu tournée à droite, quoique faisant face carrément devant eux, sans avancer une épaule plus que l'autre; en ce que leurs rangs, leurs files & leurs armes soient toujours exactement alignés dans leurs différens mouvemens; qu'ils brusquent leurs temps avec la plus grande vivacité; qu'ils arrivent par la voie la plus courte à l'objet proposé, passant leurs armes tout près du corps, sans souffrir aucun mouvement alongé; qu'ils comptent toujours 1, 2, 3, 4, 5, 6, 7 & 8 pour l'intervalle d'un temps à l'autre; & qu'à la fin de chaque temps, il y ait une cessation totale de mouvement.

Durée du repos d'un temps à un autre.

Pour mettre toute la précision possible dans ces différens repos, on accoutumera les Soldats à compter depuis 1 jusqu'à 8 dans le temps environ d'une seconde & demie, & à répéter cette formule autant de fois qu'ils auront cet espace de temps à attendre pour exécuter les mouvemens.

Lorsque

65

Lorsque les Soldats devront commencer le maniement des armes, ils auront la baïonnette au bout du
canon, & ils porteront les armes en tenant le fuſil
droit & ferme contre l'épaule gauche, le canon bien en
dehors, c'eſt-à-dire en avant de ſoi, la ſougarde ſerrée
contre le corps, à deux pouces au-deſſous du défaut de
l'épaule, la croſſe appuyée ſur l'os de la hanche au défaut
de la cuiſſe, ſans en gêner le mouvement, & ſoutenue
par la main gauche, les trois derniers doigts ſous le
talon, le premier doigt ſur la vis & le pouce au-deſſus,
de manière que l'arme ne chancelle point, ni ne penche
vers la tête ou vers la gauche; le bras droit pendant,
le bras gauche appuyé contre le corps ſans être gêné,
& le coude un peu en arrière, la main droite pendante
ſans mouvement.

La poſition d'un Soldat ſous les armes, ſera examinée
à la rigueur en toute occaſion, pour ne lui ſouffrir jamais
aucun relâchement à cet égard.

Le maniement des armes ſe diviſera en trois parties,
dont l'une comprendra l'inſpection, l'autre proprement
dite le maniement des armes, qui comprendra les commandemens les plus eſſentiels, & la troiſième, le petit
maniement des armes : la première & la troiſième ne
s'exécuteront qu'en détail, ou au plus par une ou deux
compagnies.

A R T. 2.

Commandemens pour l'Inſpection.

TOUTE troupe devant prendre les armes ſortant de
la chambre, du logement ou de la tente, ſe placera en
haie, ſe repoſant ſur le fuſil, la main baſſe.

Titre XI.

*Manière dont les
Soldats doivent
être ſous les armes
avant
de commencer
le maniement
des armes.*

*On ne ſouffrira
aucune négligence
aux Soldats
ſous les armes.*

*Trois ſortes
de maniement
des armes.*

I

Pour en faire l'inspection, on commandera:

1. *La main droite au fusil.*

En un temps:

On quittera le milieu du fusil, pour, en élevant le bras, porter la main au bout du canon, & prendre la position de *reposer sur le fusil.*

2. *Mettez la baïonnette au bout du canon.*

En quatre temps:

Au premier, on fera un à *droite*, tournant sur le talon gauche, plaçant le pied droit, le talon en équerre contre la boucle du pied gauche, laissant tomber le fusil de biais, la baguette vers le corps, le fusil serré au corps, la main droite se tournant de façon que le pouce se trouve le long du canon contre la baguette, la main gauche l'empoignera à hauteur du ceinturon, l'avant-bras collé au corps, le gros bout de la crosse tournant sur la place.

Au second, la main droite quittant le bout du fusil, empoignera la baïonnette entre le fusil & le corps, & on la dégagera du fourreau pour la saisir au-dessus de la douille, la main gauche éloignant le canon du corps, le haut du bras collé au corps, sans que la crosse quitte sa place.

Au troisième, on portera la baïonnette dans la même direction que le fusil au bout du canon, où on l'engagera prête à y être emboîtée, en rapprochant en même temps le fusil du corps.

Au quatrième, on emboîtera la baïonnette dans le canon, & tout de suite on saisira la baguette entre le pouce alongé & le premier doigt plié.

3. *Mettez la baguette dans le canon.*

TITRE XI.

EN quatre temps:

Au premier, on chassera tout de suite la baguette à moitié hors des tenons, en alongeant brusquement le bras droit de toute sa longueur, & renversant vivement la main droite, le pouce en bas pour empoigner la baguette près du bout du canon.

Au deuxième, on achèvera de la tirer par un second mouvement du bras très-prompt; on la fera tourner, le bras droit tendu, derrière le dos du Soldat du même rang, pour la porter brusquement sur la boucle du ceinturon, la raccourcissant à quatre doigts du gros bout, & la tenant parallèle au canon.

Au troisième, on la portera au bout du canon dans la même direction que le fusil, dans lequel on la laissera tomber, & on rapportera aussitôt la main droite au bout du fusil.

Au quatrième, faisant *face en tête* par un *à gauche* sur le talon gauche, & ramenant le pied droit sur l'alignement du gauche, laissant tomber la main gauche le long de la cuisse, pour revenir dans la position de *reposer sur le fusil.*

Dans les cas où l'on ne jugera pas nécessaire de mettre la baguette dans le canon, on commandera après avoir mis la baïonnette:

Face en tête.

EN un temps:

Comme au quatrième temps du commandement ci-dessus.

4. *Portez vos armes en avant.*

EN trois temps :

On élèvera le fusil de la main droite, en le rapprochant du corps pour le tenir perpendiculairement vis-à-vis du genou droit, le bout du canon à hauteur de l'œil, le saisissant en frappant de la main gauche, le bras tendu serré au corps à la hauteur du ceinturon.

Au deuxième, on ramènera le fusil de la main gauche devant soi, le canon en dedans entre les deux yeux & à plomb, la main droite le saisira à la poignée, le bras tendu, la fougarde appuyée sur le premier doigt, la main gauche à hauteur de la cravate, le pouce alongé le long du canon contre la monture.

Au troisième, on quittera le fusil de la main gauche, pour la laisser tomber le long de la cuisse, l'élevant de la main droite la platine en dehors & vis-à-vis de la poitrine, le bras droit demi-tendu, le coude serré au corps, le pouce alongé sur la contre-platine, appuyé à la première vis, le chien appuyé sur le premier doigt, le canon à plomb.

Ce quatrième commandement ne doit jamais s'exécuter dans les inspections que successivement & à mesure que celui chargé de faire l'inspection se trouvera vis-à-vis de chaque Soldat, qui le fera pour lors sans commandement ; celui chargé de faire l'inspection prendra le fusil pour l'examiner, & après qu'il l'aura rendu au Soldat, le Soldat exécutera de lui-même en trois temps le commandement suivant.

5. *Reposez-vous sur les armes.*

EN trois temps :

Au premier, on reprendra la position du deuxième

temps du quatrième commandement, donnant un coup vif & sec de la main gauche.

Au deuxième, on reprendra la position du premier temps du quatrième commandement.

Au troisième, on posera la crosse à terre sans relever le fusil, le gros bout contre & à côté de la pointe du pied droit, la fougarde en avant; observant d'élever le pied droit & de le replacer aussitôt en frappant vivement en même temps que la crosse arrivera à terre, & la main gauche tombera pendante sur le côté.

6. *Ouvrez la cartouche.*

EN un temps:

En portant la main gauche derrière le dos, pour lever le couvercle de la cartouche.

7. *Fermez la cartouche.*

EN un temps:

Laissant retomber le couvercle de la cartouche pour qu'elle soit refermée, & la main gauche tombera en même temps pendante sur le côté.

8. *Remettez la baguette dans son lieu.*

EN cinq temps:

Au premier, on fera *à droite* tournant sur le talon gauche pour reprendre la position du premier temps du deuxième commandement; observant qu'il faut ici saisir le bout de la baguette entre le bout du pouce & le premier doigt de la main droite.

Aux deuxième & troisième, on retirera la baguette comme il est dit aux premier & deuxième temps du troisième commandement; observant de ne la raccourcir ici en glissant avec la main droite, que de façon que le

bout du pouce foit à hauteur de la monture du fufil &
parallèle au canon.

Au quatrième, on élèvera la baguette toujours parallèle au canon pour la mettre dans le premier porte-
baguette, d'où la conduifant en gliffant avec le pouce
jufque dans le fecond, on déploiera le bras droit pour
mettre les deux derniers doigts fur le gros bout de la
baguette, la main demi-fermée, pour achever de l'en-
foncer brufquement d'un feul mouvement, qui ramènera
cette main au bout du fufil, qu'elle empoignera tout
de fuite.

Au cinquième, on fera *face en tête* comme au quatrième
temps du troifième commandement.

Si l'on ne doit point affembler les efcouades tout
de fuite, ou qu'il faille encore attendre quelqu'un pour
faire une infpection, on commandera:

9. *La main baffe.*

EN un temps:

On quittera de la main droite le bout du fufil, laiffant
tomber vivement le bras droit de toute fa longueur, pour
frapper du plat de la main contre le fufil, qu'on laiffera
tomber dans le bras.

Le Soldat reftera immobile dans cette pofition, de
même qu'il doit être toutes les fois qu'il eft fous les
armes, jufqu'à ce que l'on faffe le commandement fuivant:
Repofez-vous. Ce commandement ne fera qu'un avertiffement quand on voudra faire repofer.

Alors le Soldat pourra ne plus conferver l'immobilité,
foit pour effuyer fon fufil, pour rajufter fon chapeau &
fon équipement, parler & même fortir du rang, laiffant
cependant fon fufil à fon camarade de fa droite du même
rang.

1. Janvier 1766.

71

On aura attention de donner ce moment de repos toutes les fois qu'on le croira néceſſaire, pour ſoulager le Soldat, après le maniement des armes, pendant les manœuvres ou autrement.

TITRE XI.

Si après l'inſpection on doit raſſembler les différentes eſcouades ou détachemens des compagnies, ou continuer les manœuvres ; on avertira : *Prenez garde à vous.* Ceci ne ſera qu'un avertiſſement lorſqu'on aura fait repoſer.

A cet avertiſſement, tout le monde ajuſtera vîte ſon chapeau, reprendra l'immobilité ; & regardera l'homme-d'aile pour exécuter avec lui les commandemens ſuivans :

10. *La main droite à vos armes.*

En un temps :

Comme au commandement pour commencer l'inſpection.

11. *Portez vos armes.*

En quatre temps :

Au premier, comme au premier temps du quatrième commandement.

Au deuxième, comme au deuxième temps du quatrième commandement.

Au troiſième, on relèvera le fuſil de la main droite, le pouce alongé ſur la contre-platine pour porter le canon en dehors & à plomb vis-à-vis l'épaule gauche ; on placera en même temps la main gauche en frappant à la croſſe, les trois derniers doigts ſous la croſſe, le premier ſur la vis, le pouce au-deſſus, le bec de la croſſe appuyé légèrement ſur l'os de la hanche au défaut de la cuiſſe, le coude en arrière ſans affectation, ni trop ſerré ni trop détaché.

Au quatrième, on placera le fufil contre l'épaule gauche, en le pouffant de la main droite, pour achever de le porter comme il eft prefcrit, & la main droite tombera vivement pendante le long de la cuiffe.

ART. 3.

Du grand maniement des armes.

COMMANDEMENT pour le maniement des armes à rangs ferrés, les Officiers & Sergens ayant paffé derrière le bataillon.

Que le maniement des armes fe faffe à la voix ou à la muette, on mettra toujours le temps qu'il faut pour compter 1, 2, 3, 4, 5, 6, 7 & 8, entre le commandement ou le roulement, & le premier temps, ainfi que d'un temps à l'autre.

1. *A droite.*

EN deux temps:

Au premier, on tournera fur les deux talons, élevant un peu les pointes des pieds, la tête tournant en même temps naturellement de droite à gauche, en ne quittant point des yeux l'homme-d'aile.

Au fecond, on portera brufquement le pied droit à côté du gauche fur le même alignement, élevant le pied jufqu'à la hauteur du gras de jambe pour frapper vivement & enfemble contre terre.

2. *A gauche.*

EN deux temps:

Au premier, on fe remettra en tournant de même fur les deux talons pour faire *face en tête.*

Au fecond, comme ci-deffus.

1. Janvier 1766.

3. *Demi-tour à droite.*

EN trois temps :

Au premier, on portera le pied droit en arrière, & le talon droit à trois pouces du gauche, la boucle du pied droit se trouvant précisément derrière le talon du pied gauche, sans tourner le corps ni faire aucun mouvement autre que celui de porter vivement la main droite à la cartouche, la saisissant par le coin pour la contenir en tournant.

Au second, on tournera légèrement par la droite sur les deux talons, élevant un peu les pointes des pieds pour faire exactement *face* du côté opposé, la tête restant à droite pour fixer promptement l'homme-d'aile derrière la gauche devenue la droite, serrant la crosse avec la main gauche, pour ne faire aucun mouvement avec le fusil en tournant.

Au troisième, on rapportera le pied droit à côté du gauche en frappant contre terre & en quittant en même temps la cartouche de la main droite pour la laisser pendre sur le côté.

4. *Demi-tour à droite.*

EN trois temps :

1. ⎫
2. ⎬ Comme ci-dessus.
3. ⎭

5. *Haut les armes.*

EN deux temps :

Au premier, on portera la main droite sous la platine sans mouvoir le fusil, le pouce alongé sur la contre-platine, & le premier doigt appuyé contre le chien.

K

Au deuxième, en tournant le fufil on le portera devant foi entre les deux yeux, le canon en dedans, la main droite embraffant la poignée du fufil près de la fougarde, & plaçant le pouce droit fur le chien, le premier doigt au-deffus de la fougarde, & les trois autres au-deffous, le coude droit à hauteur du poignet ; on faifira en même temps le fufil de la main gauche, la tenant à hauteur de la cravate, le petit doigt touchant l'extrémité de la platine, le pouce alongé le long du canon contre la monture, & le canon bien à-plomb près du corps, rapprochant le coude gauche du corps fans le gêner.

6. *Apprêtez vos armes.*

En un temps :

Les Soldats du premier rang mettant le genou droit en terre directement à dix ou douze pouces en arrière, & fix pouces fur le côté droit, poferont la croffe vivement à terre à côté du genou droit, le gros bout aligné avec le talon gauche, gliffant la main gauche jufqu'à la capucine, le pouce toujours alongé le long du bois, faififfant le chien avec le pouce & le premier doigt de la main droite, pour armer fitôt que la croffe fera arrivée à terre.

Les Soldats du fecond rang feront un *demi à droite*, plaçant le talon droit en équerre, derrière & contre le gauche ; ceux du troifième rang porteront le pied droit trois pouces en arrière de la place qu'il occupoit, & à fix pouces du talon gauche fur la droite, fans effacer le corps ; les Soldats de ces deux derniers rangs armeront en même temps leur fufil, en ferrant le coude droit contre la hanche.

7. *En joue.*

En un temps :

Les Soldats des trois rangs appuieront la croffe à

l'épaule droite, le coude droit ferré contre le corps, &
ajuſtant devant eux, ils placeront le pouce droit ſur
la poignée du fuſil & le premier doigt dans la ſougarde:
les Soldats du premier rang obſerveront d'avoir alors
le corps fort en arrière, & de tenir leur fuſil horizontalement, tandis que les deux derniers rangs, gliſſant
la main gauche juſqu'à la capucine, abaiſſeront un peu le
bout du fuſil; les trois rangs viſant en baiſſant un peu
la tête.

8. *Feu.*

En un temps:

On appuiera avec force le premier doigt ſur la dé-
tente ſans baiſſer davantage la tête ni faire aucun mouvement, & auſſitôt après le premier rang ſe relèvera
bruſquement, & tous les trois retireront vivement leurs
armes, la croſſe ſous le bras droit, le bout du canon
élevé à la hauteur de l'œil, la platine vis-à-vis la poitrine
à la hauteur du teton droit, la ſougarde un peu en dehors,
la main gauche reſtant à la capucine, le pouce le long
du bois; le coude ſerré, le premier doigt de la main
droite courbé & le pouce ſur le chien, les trois derniers
doigts fermés prêts à mettre en repos: à l'égard des
pieds, on retirera le droit pour en former l'équerre avec
le gauche, les talons joints l'un derrière l'autre, la pointe
du pied gauche droit en avant, le talon gauche reſtant à
la place où il étoit en mettant en joue.

9. *Mettez le chien en ſon repos.*

En un temps:

On relèvera le chien avec le pouce & le premier doigt,
ſans remuer le fuſil juſqu'à ce que le chien s'arrête dans
le cran du repos, & tout de ſuite on ſaiſira vivement la
croſſe avec la main droite derrière la batterie.

K ij

10. *Prenez la cartouche.*

En un temps :

> On portera brusquement la main droite au porte-cartouche, & on en tirera une cartouche pour la tenir entre le pouce & les deux premiers doigts, le bras tendu à côté du porte-cartouche.

11. *Déchirez la cartouche.*

En deux temps :

> Au premier, on élèvera le poignet droit le long du corps entre la crosse & le corps, pour porter la cartouche à la bouche & la déchirer jusqu'à la poudre.

> Au second, on la portera brusquement près du baffinet, la tenant entre le pouce & les deux premiers doigts, le bout de la cartouche près & à côté du baffinet.

12. *Amorcez.*

En un temps :

> Tenant la cartouche des deux premiers doigts, le pouce fur l'ouverture, on remplira le baffinet de poudre, en baiffant un peu la tête pour y regarder, & à la fin du temps, on portera la main droite derrière la batterie en relevant la tête.

13. *Fermez le baffinet.*

En un temps :

> On fermera le baffinet avec les deux derniers doigts, tenant toujours la cartouche des deux premiers doigts, & on repofera la main droite derrière la platine, faififfant la poignée entre les deux derniers doigts & la paume de la main.

14. *Paſſez vos armes du côté de l'épée.*

EN un temps :

On fera un *demi à gauche* ſur le talon gauche, élevant le pied droit, pour le placer devant le pied gauche, le talon vis-à-vis & contre la boucle du pied gauche, paſſant en même temps le fuſil tout près du corps du côté gauche, conduiſant la croſſe de la main droite juſqu'à la cuiſſe gauche, & gliſſant la main gauche au milieu du canon ; on quittera auſſitôt le fuſil de la main droite , pour la tenir à un pouce ſur le côté & à la même hauteur du bout du canon ; on baiſſera le fuſil de la main gauche , juſqu'à ce qu'elle ſoit à hauteur & appuyée contre le ceinturon , le fuſil de biais le long de la cuiſſe & la baguette tournée vers le corps, inclinant un peu le corps pour voir dans le canon.

15. *Mettez la cartouche dans le canon.*

EN un temps :

On tournera bruſquement la main pour vider la cartouche dans le canon & la ſecouant bien , donnant un coup de la paume de la main contre le bout du canon, ſaiſiſſant en même temps la baguette avec le pouce alongé & le premier doigt courbé.

16. *Tirez la baguette.*

EN deux temps :

Comme aux deux premiers temps du troiſième commandement de l'inſpection.

17. *Bourrez.*

EN deux temps :

Au premier, on portera la baguette au bout du canon ;

dans lequel on la fera entrer jusqu'à la main qui la tiendra; puis la lâchant de cette main pour la refaifir avec le pouce alongé, le premier doigt plié & les trois autres fermés, auffi haut que le bras pourra s'alonger.

Au fecond, on la chaffera avec force dans le canon, après quoi on la reprendra avec le pouce étendu & le premier doigt, au moment qu'elle rebondira, la main près du bout du canon.

18. *Remettez la baguette.*

EN quatre temps:

Au premier, on la rechaffera du canon le plus promptement qu'il fera poffible, pour la faifir en même temps au bout du canon avec la main renverfée, tenant la baguette entre le pouce, & les quatre doigts alongés au-deffus de la baguette vers le petit bout.

Au fecond, on achèvera de la tirer brufquement du canon, & on la retournera droit devant foi, le gros bout paffant devant l'œil gauche, pour la rapporter par le petit bout fur la boucle du ceinturon, alignée avec le canon, gliffant la main droite, de façon que le bout du pouce foit à hauteur de la monture du fufil.

Au troifième, on élèvera la baguette toujours parallèle au canon, pour la mettre dans le premier porte-baguette, d'où la conduifant en gliffant avec le pouce jufque dans le fecond, on déploiera le bras droit pour mettre les deux derniers doigts fur le gros bout de la baguette, la main demi-fermée & à hauteur de l'œil.

Au quatrième, on achèvera de la faire entrer en abaiffant vivement le bras droit, élevant en même temps le fufil avec la main gauche pour le faifir avec la main droite fous la platine, le pouce alongé, plaçant la main gauche fous la croffe pour prendre la pofition du troifième temps du onzième commandement de l'infpection, replaçant en même temps le pied droit à côté du gauche.

19. *Portez vos armes.*

En un temps:

> On placera le fufil contre l'épaule gauche, en le pouffant de la main droite, pour achever de le porter comme il eft preferit, & la main droite tombera vivement pendante le long de la cuiffe.

20. *Préfentez vos armes.*

En deux temps:

> Au premier, comme au premier temps du cinquième commandement.

> Au fecond, en retirant le pied droit en équerre derrière le gauche, la boucle contre le talon faifant toujours *face en tête,* on détachera le fufil de l'épaule, l'abandonnant de la main gauche pour le tourner avec la droite, pour le porter à plomb vis-à-vis l'œil gauche, la baguette en avant, le bras droit étendu dans toute fa longueur, la main droite l'empoignant au-deffous, & contre le chien & la fougarde ; & la main gauche le faififfant en frappant au-deffus, le petit doigt contre la platine, le pouce alongé le long du canon contre la monture, & l'avant-bras collé au corps fans être gêné.

21. *Portez vos armes.*

En deux temps:

> Au premier, en frappant du pied droit pour le ramener à côté du gauche, on relèvera le fufil de la main droite pour le tourner le canon en dehors, & le placer ainfi que les mains, comme au troifième temps du onzième commandement de l'infpection.

> Au fecond temps, comme au quatrième temps du même commandement.

Titre XI.

 22. *Reposez-vous fur vos armes.*

EN quatre temps :

Au premier, comme au premier temps du cinquième commandement du maniement des armes.

Au fecond, on portera brufquement de la main droite le fufil devant foi entre les deux yeux, le canon en dedans & à plomb, le bras droit abaiffé & étendu dans toute fa longueur, & la main gauche faifira le fufil à hauteur du menton, le pouce alongé fur le canon.

Au troifième, on lâchera le fufil de la main droite pour l'abaiffer avec la gauche, & prendre exactement la pofition comme au premier temps du quatrième commandement de l'infpection.

Au quatrième, comme au troifième temps du cinquième commandement de l'infpection.

23. *Portez vos armes.*

EN quatre temps :

1.
2.   Comme au onzième commandement de
3.   l'infpection.
4.

24. *Préfentez la baïonnette.*

EN deux temps :

Au premier, les trois rangs empoigneront le fufil avec la main droite, comme il eft dit au cinquième commandement du maniement des armes.

Au fecond, le premier rang faifant un *à droite* fur le talon gauche, la pointe du pied en avant, plaçant le pied droit en équerre, le talon contre le gauche, tirant le fufil de la main droite pour le coucher horizontalement dans

le

81

le bras gauche, dont l'avant-bras sera dessous, le pouce au-dessus & contre le ressort de la platine, les quatre doigts dessous, la culasse serrée contre le creux de l'estomac à hauteur du coude gauche qui restera naturellement, sans le serrer au corps, la main droite ne changeant point ; on abaissera le coude sans se gêner, effaçant bien l'épaule droite.

Les deux derniers rangs achèveront de faire *haut les armes.*

25. *Portez vos armes.*

EN deux temps :

Au premier, le premier rang faisant *face en tête* portera de la main droite le fusil vis-à-vis l'épaule gauche, plaçant la main gauche en frappant sous la crosse, frappant en même temps du pied droit pour le remettre à sa place : les deux derniers rangs reprendront la même position.

Au second temps, on achèvera de *porter les armes.*

Le maniement des armes étant fini, si on ne veut pas le recommencer, & qu'on veuille exercer le Soldat à charger son fusil par un seul commandement & l'accoutumer à le faire sans omettre aucun temps, on le fera exécuter par le commandement suivant, en faisant avancer l'homme-d'aile pour marquer les temps.

Chargez vos armes.

EN dix-neuf temps :

Au premier, on empoignera le fusil à l'ordinaire, de la main droite.

Au second, dégageant le fusil de l'épaule, avec la main droite, on fera un *à droite,* tournant sur le talon gauche, la pointe du pied en avant, le talon du pied droit contre & derrière le talon gauche, la main gauche quittant la crosse

Titre XI.

Pour charger les armes en dix-neuf temps.

L

le refaifira en même temps en frappant à la capucine, pour prendre la pofition d'après le commandement *feu*, à l'exception que le pouce de la main droite doit être placé derrière la batterie, au-deffus du chien, les quatre doigts de la main fermés.

Au troifième, on ouvrira la batterie en la pouffant vivement avec le pouce, abaiffant la main jufqu'à hauteur du ceinturon.

Au 4.ᵉ on prendra la cartouche.

5.ᵉ
6.ᵉ } On la déchirera.

7.ᵉ   On amorcera.

8.ᵉ   On fermera le baffinet.

9.ᵉ   On paffera le fufil du côté de l'épée.

10.ᵉ   On mettra la cartouche dans le canon.

11.ᵉ
12.ᵉ } On tirera la baguette.

13.ᵉ
14.ᵉ } On bourrera.

15.ᵉ
16.ᵉ
17.ᵉ } On remettra la baguette dans fon lieu.
18.ᵉ

19.ᵉ   On achèvera de porter les armes.

Les Officiers & les Sergens qui feront dans les rangs, feront *à droite* au deuxième temps en même temps que la troupe, & feront *face en tête* au neuvième temps, lorfqu'on paffera le fufil du côté de l'épée, & ils feront les mêmes mouvemens toutes les fois que les Soldats chargeront, & qu'ils feront dans les rangs.

Quand après le maniement des armes, on voudra

faire charger vîte & fans intervalle entre les temps, on commandera :

1. *Les armes plates.*

Ce qui s'exécutera en deux temps, que l'homme-d'aile marquera.

1. } Comme les deux premiers pour charger
2. } les armes.

2. *Ouvrez le baffinet, & chargez.*

Le Soldat l'exécutera fur le commandement, ouvrant le baffinet, prenant la cartouche, la déchirant, amorçant, fermant le baffinet, plaçant la main droite derrière la platine, tout le plus vîte poffible, mais marquant cependant exactement tous les temps ; il regardera l'homme-d'aile, & dans les feux, les chefs-de-files des pelotons ou divifions, pour paffer avec eux le fufil du côté de l'épée, continuant enfuite à mettre la cartouche dans le canon, tirer la baguette, bourrer, remettre la baguette dans fon lieu, le tout encore très-promptement & très-exactement ; il reftera fur le dix-huitième temps pour achever au dix-neuvième temps de *porter les armes* avec l'homme-d'aile.

L'homme-d'aile du bataillon ou le chef-de-file de la divifion ou du peloton, aura attention dans la charge de ne point paffer le fufil du côté de l'épée, ni de le mettre fur l'épaule, que quand il n'entendra plus aucun bruit, foit en fermant le baffinet ou en mettant la baguette dans fon lieu.

Le chef-de-file de la divifion ou du peloton ne bougera pas de fa place & ne fe tournera point pour donner le fignal néceffaire, fuffifant qu'il tienne fon fufil un peu plus élevé & plus détaché du corps, mais dans la même direction que les autres.

ART. 4.

Du petit maniement des armes.

LE petit maniement des armes se fera toujours à rangs ouverts, & jamais en plus grand nombre que par une ou deux compagnies au plus.

Les Soldats porteront le fusil sur l'épaule ; on fera ouvrir les rangs & on commandera :

1. *Remettez la baïonnette en son lieu.*

EN sept temps :

Au premier, on empoignera le fusil de la main droite comme à l'ordinaire.

Au second, en avançant le pied droit pour placer le talon contre la boucle du gauche qui ne bougera pas ; on détachera avec la main droite le fusil de l'épaule pour le tenir à plomb, le canon en dehors entre la tête & l'épaule gauche, la main gauche le saisissant en frappant à hauteur du menton, le coude serré sans être gêné, & le bras droit tendu, le bout de la crosse appuyant sur le côté de la cuisse gauche & faisant face carrément devant soi.

Au troisième, la main gauche abaissera le fusil, l'appuyant le long de la cuisse & du corps à hauteur du ceinturon, & la main droite saisira le fusil au bout du canon, le canon en dehors, la baguette vers le corps.

Au quatrième, on achèvera de poser la crosse à terre sans la soulever, dans la direction où se trouve le fusil, le glissant simplement le long de la cuisse & du corps, & sans le détacher ni déplacer les mains.

Au cinquième, on donnera un coup vif avec le dessus du premier doigt de la main droite, en empoignant la baïonnette au-dessus de la douille, pour, en la

85

tournant, la déboîter d'un feul mouvement, & la tenir perpendiculairement au-deffus & près du canon.

Au fixième, on détachera le fufil du corps avec la main gauche, en roidiffant le bras & ferrant le coude, le bout du canon toujours vis-à-vis du menton, fans que la croffe change de place ; on renverfera la baïonnette vivement de la main droite, abaiffant un peu la tête pour porter la pointe vers le fourreau, dans lequel on la mettra tout de fuite en relevant la tête.

Au feptième, on rapprochera vivement le fufil du corps avec la main gauche, & on reportera la main droite en frappant au bout du canon.

2. *Portez le fufil.*

EN trois temps :

Au premier, quittant le fufil de la main droite, on l'élèvera de la main gauche pour reprendre la pofition du deuxième temps du premier commandement du petit maniement des armes.

Au fecond, en frappant du pied droit pour le ramener à côté du gauche, on élèvera le fufil de la main droite, le quittant de la main gauche pour la placer en frappant fous la croffe, & prendre la pofition déjà prefcrite.

Au troifième, on achèvera de porter le fufil.

3. *Paffez la platine fous le bras gauche.*

EN trois temps :

Au premier, on empoignera le fufil à l'ordinaire avec la main droite.

Au deuxième, on dégagera le fufil de l'épaule avec la main droite, le canon en dehors, le faififfant de la main gauche à la capucine & à hauteur de la cravate, le pouce alongé fous la bretelle pour ferrer la baguette, le fufil bien à plomb vis-à-vis l'épaule gauche, la pointe de la croffe appuyée contre la cuiffe, le coude gauche fans être gêné, & le pouce droit fur la contre-platine.

Au troifième, on paffera le fufil fous le bras gauche fans changer la main gauche, dont le petit doigt doit être appuyé à la hanche, la main droite tombant en même temps fur le côté.

4. *Portez le fufil.*

EN trois temps:

Au premier, on relèvera le fufil de la main gauche, pour revenir dans la pofition du fecond temps du commandement précédent.

Au deuxième, quittant la main gauche, on la placera en frappant fous la croffe, en élevant un peu le fufil de la main droite pour fe trouver dans la pofition déjà prefcrite pour porter le fufil.

Au troifième, on achèvera de porter le fufil.

5. *Repofez-vous fur le fufil.*

EN quatre temps:

1.
2. } Comme au vingt-deuxième commandement
3.   du grand maniement des armes.
4.

6. *Pofez le fufil à terre.*

EN quatre temps:

Au premier, en même temps qu'on tournera le fufil, le canon vers le corps, on fera un *demi à droite* fur le

87

talon gauche, on placera le pied droit derrière la crosse
du fufil, de façon que la pointe du pied ne dépasse pas &
foit égale avec le bec de la crosse, & on mettra la main
gauche derrière le dos pour faisir la bretelle de la giberne.

Titre XI.

Au deuxième, laissant couler la main jusqu'à la moitié
du canon, on portera le pied gauche en avant en frappant, & de façon que le talon se trouve vis-à-vis la
capucine, courbant le corps brusquement, la main droite
doit se trouver vis-à-vis de la boucle en posant le
fufil à terre, qui doit être couché bien droit en avant
& aligné dans les files, la crosse appuyée au pied droit,
le genou droit bien tendu sans regarder en terre ni
quitter des yeux l'homme-d'aile.

Au troisième, on se relèvera en rapportant, sans frapper,
le pied gauche à la place précédente, pour être placé de
même & le bras droit pendant.

Au quatrième, on tournera sur le talon gauche pour
faire *face en tête*, le pied droit se replaçant à côté du gauche
sans frapper, & la main gauche quittant la bretelle de la
giberne, tombera pendante sur le côté.

7. *Reprenez le fufil.*

EN quatre temps :

Au premier, on tournera *à droite* comme ci-devant,
plaçant le pied droit de même derrière la crosse, & la
main gauche saisira en même temps la bretelle de la
giberne derrière le dos.

Au deuxième, on prendra la position du second temps
du commandement précédent:

Au troisième, on se relèvera, glissant la main droite
jusqu'au bout du canon, pour revenir dans la position
du premier temps du commandement précédent.

Au quatrième, on fera *face en tête*, tournant le fufil, la

baguette en avant, ramenant le pied droit à côté du gauche sans frapper, & la main gauche tombera pendante.

8. *Portez le fusil.*

En quatre temps :

Comme il est dit au treizième commandement de l'inspection.

9. *Portez le fusil au bras.*

En trois temps :

Au premier, on empoignera le fusil en frappant de la main droite à environ quatre pouces au-dessous de la platine sans tourner le fusil.

Au deuxième, la main gauche quittant la crosse, se placera sur la poitrine, & on appuiera le chien sur l'avant-bras gauche sans détacher l'arme de l'épaule.

Au troisième, on laissera tomber la main droite pendante.

10. *Portez le fusil.*

En trois temps :

Au premier, on portera la main droite en frappant à la poignée du fusil.

Au deuxième, la main gauche se placera en frappant sous la crosse, & fixera le fusil dans la position ordinaire.

Au troisième, la main droite tombera pendante.

11. *Mettez la baïonnette au bout du canon.*

En sept temps :

Aux quatre premiers, comme aux quatre premiers temps

temps du premier commandement du petit maniement des armes.

Aux trois derniers temps, comme aux trois derniers temps du second commandement pour l'inspection.

12. *Portez vos armes.*

EN trois temps:

Comme au second commandement du petit manie- ment des armes.

Lorsque dans les manœuvres ou autres occasions, on voudra expliquer quelque chose, & que l'on voudra pendant ce temps-là faire reposer le Soldat & lui donner la facilité de sortir du rang, on commandera:

13. *Le fusil (ou les armes) près du pied.*

EN deux temps:

Au premier, on laissera tomber le bras gauche de toute sa longueur pour baisser le fusil, on le saisira en frappant avec la main droite vis-à-vis de l'épaule gauche, près & au-dessus de la capucine, sans remuer autrement le fusil.

Au second, on détachera le fusil de l'épaule gauche pour l'amener à droite avec la main droite, poser en même temps la crosse à terre & prendre la position du neuvième commandement de l'inspection, à l'exception qu'on ne frappera pas de la main, & le Soldat pourra alors ne plus conserver l'immobilité sans qu'on en fasse l'avertissement.

Quand on voudra continuer l'exercice, on fera l'avertissement suivant:

Prenez garde à vous.

Le Soldat rajustera promptement son chapeau &

M

reprendra l'immobilité, portera le pouce droit sur le canon pour empoigner le fusil, les quatre doigts alongés sur le bois, & on fera porter le fusil sur l'épaule par le commandement :

Portez vos armes.

En deux temps :

Au premier, on élèvera le fusil de la main droite en le portant vis-à-vis de l'épaule gauche, & en le faisant tourner pour que le canon se trouve en dehors, en empoignant en même temps la crosse de la main gauche, & laissant couler la main droite quatre doigts au-dessus de la batterie.

Au second temps, on achèvera de les porter.

TITRE XII.

Des manœuvres par rangs & par files.

ARTICLE PREMIER.

Pour former la compagnie.

Former la compagnie en trois manières.

LA compagnie étant en haie, & l'inspection faite, on la formera sur trois rangs, d'une des trois manières suivantes.

Former la compagnie sur la droite.

Sur *la droite*, sur *la gauche*, sur *le centre*, suivant le terrain, mais auparavant on partagera la compagnie en trois parties égales : celle de la droite devra former le premier rang, celle du centre le troisième rang, celle de la gauche le second rang; & si on veut la former sur la droite, on commandera :

1. *A droite, formez la compagnie.*

2. *Marche.*

3. *Front.*

4. *Alignez-vous.*

Au premier commandement, les Soldats qui devront former le premier rang, ne bougeront pas ; ceux qui devront former les troisième & second rangs, feront *à droite* avec l'homme-d'aile de la compagnie qui se sera avancé quatre pas.

Au second commandement, le premier rang fera trois pas en avant, en rassemblant du pied droit ; le troisième rang marchera le *pas de flanc* droit devant lui, le second rang se jetant un peu à gauche, marchera de même par le *pas de flanc* pour se porter tous deux derrière le premier, & s'arrêter à mesure que la tête se trouvera derrière l'homme de la file droite du premier rang.

Au troisième commandement, les deux derniers rangs feront *face en tête* en un temps.

Au quatrième commandement, les Soldats s'aligneront dans les rangs, & les files sur le centre, les compagnies devant toujours s'aligner ainsi lorsqu'elles seront formées en haie, soit de pied-ferme où en marchant, & on se servira des mêmes moyens pour s'aligner que dans le bataillon, le Capitaine marquera les deux sections, les Officiers, Fourriers & Sergens prendront leurs places prescrites pour être en bataille.

Pour former la compagnie en haie, lorsqu'elle sera sur trois rangs, le Capitaine fera les commandemens suivans :

TITRE XII.

1. *A gauche, bordez la haie.*

2. *Marche.*

3. *Halte.*

4. *Front.*

5. *Alignez-vous en avant (ou en arrière).*

Au premier commandement, les deux derniers rangs feront *à gauche*, & le premier ne bougera pas.

Au second commandement, les deux derniers rangs marcheront le *pas de flanc*, avec la différence que le troisième rang ne marchera que le *petit pas*.

Au troisième commandement, tous s'arrêteront.

Au quatrième commandement, ils feront *face en tête* en un temps.

Au cinquième commandement, le premier rang marchera en arrière, ou les deux derniers en avant, suivant le terrain, pour s'aligner sur le centre.

Former la compagnie sur la gauche. Pour former la compagnie sur la gauche, on commandera :

1. *A gauche, formez la compagnie.*

2. *Marche.*

3. *Front.*

4. *Alignez-vous.*

Au premier commandement, les premier & troisième rangs feront *à gauche*, & le second ne bougera pas.

Au second commandement, le premier rang se jetant un peu *à droite*, viendra par le *pas de flanc* se placer devant le second rang, & le troisième se jetant un peu *à gauche*, se placera derrière le second rang.

Au troisième, ils feront *face en tête.*

Au quatrième, les trois rangs & les files s'aligneront.

Pour se remettre sur un rang, on commandera *à droite, bordez la haie,* & on l'exécutera par les mouvemens contraires à ce qui est dit ci-dessus pour se mettre *en haie à droite.*

Pour former la compagnie sur le centre, l'on commandera :

Former la compagnie sur le centre.

1. *Sur le centre, formez la compagnie.*

2. *Marche.*

3. *Front.*

4. *Alignez-vous.*

Au premier commandement, le premier rang fera *à gauche;* le second, *à droite,* & le troisième ne bougera pas.

Au deuxième commandement, le troisième rang fera trois pas en arrière, les deux autres marcheront se *pas de flanc,* pour venir se placer devant le troisième rang.

Au troisième commandement, les deux premiers rangs feront *face en tête.*

Au quatrième, on s'alignera.

Pour se remettre en haie, on commandera :

1. *A droite & à gauche, bordez la haie.*

2. *Marche.*

3. *Halte.*

4. *Front.*

5. *Alignez-vous en avant (ou en arrière).*

Au premier commandement, les deux premiers rangs feront, le premier *à droite*, & le second *à gauche*, le troisième ne bougera pas.

Au second commandement, les deux premiers rangs marcheront le *pas de flanc*.

Au troisième commandement, ils s'arrêteront.

Au quatrième commandement, ils feront *face en tête*.

Au cinquième commandement, ils s'aligneront; si c'est en avant, les troisième & second rangs marcheront en avant; si c'est en arrière, le premier & le second rang marcheront en arrière.

A R T. 2.

Ouvrir & serrer les rangs.

Ouvrir les rangs en avant. LORSQU'UN régiment sera en bataille sur trois rangs serrés, & qu'on voudra le faire ouvrir en avant à deux *ou* quatre pas de distance, on commandera:

1. *A deux (ou à quatre) pas de distance, ouvrez les rangs en avant.*

2. *Marche.*

Le premier commandement ne servira que d'avertissement.

Au deuxième commandement, le dernier rang ne bougera pas, le premier partira seul, marchant le *pas ordinaire*, & s'arrêtera après avoir fait quatre *(ou huit)* pas, le second rang partira au troisième *(ou au cinquième)* pas du premier rang, & s'arrêtera après avoir fait le nombre de pas prescrits; le premier rang assemblera avec le pied gauche, sans frapper après avoir fait le quatrième *(ou le huitième)* pas, & le second rang assemblera de même & en même temps.

95

Si le régiment doit marcher ensuite, on commandera:
marche.

Pour serrer les rangs en avant, on commandera:

*Serrer les rangs
en avant.*

1. *Serrez les rangs en avant.*

2. *Marche.*

Le premier commandement ne servira que d'avertissement.

Au deuxième commandement, le premier rang ne bougera pas, & les deux derniers rangs marcheront en avant pour se serrer sur le premier.

Pour faire ouvrir les rangs en arrière, on commandera: *Ouvrir les rangs
en arrière.*

1. *A quatre (ou à huit) pas de distance, ouvrez les rangs en arrière.*

2. *Marche.*

Le premier commandement ne servira que d'avertissement.

Au deuxième commandement, le premier rang ne bougera pas, le second & le troisième rang partiront seuls en marchant le pas en arrière, & ne s'arrêteront qu'après avoir fait, savoir, le second rang quatre (*ou* huit) pas, & le troisième rang huit (*ou* seize) pas, & assembleront de même du pied gauche, après le nombre de pas prescrits.

Pour serrer les rangs en arrière, on commandera:

*Serrer les rangs
en arrière.*

1. *Serrez les rangs en arrière.*

2. *Marche.*

Le premier commandement ne servira que d'avertissement.

Au deuxième commandement, les deux premiers rangs se serreront sur le troisième en partant du pied gauche, & le troisième rang marquera le pas sur son même alignement, pour s'aligner sur son chef-de-file, & les trois rangs s'arrêteront ensemble sans frapper du pied.

Ouvrir les rangs en avant & en arrière.

Pour ouvrir les rangs en avant & en arrière en même temps, lorsque le terrain l'exigera.

Le second rang ne bougera pas ; le premier rang marchera deux (*ou* quatre) pas en avant, & le troisième quatre (*ou* huit) pas en arrière.

Pour resserrer les rangs sur le centre, le second rang ne bougera pas, & le premier & le troisième rang marcheront en arrière & en avant.

Soit en ouvrant les rangs, soit en les serrant en avant ou en arrière, tous les Officiers, les Fourriers & les Sergens tant de serre-file qu'autres, feront toujours le mouvement de la troupe.

ART. 3.

Doubler & dédoubler les files.

Doubler & dédoubler les files.

POUR augmenter la profondeur du bataillon en diminuant son front, on le fera de trois façons sur le même alignement, savoir ; par *la droite*, par *la gauche* & sur *le centre*.

Doubler les files par la droite.

Pour la première façon, par la droite, on commandera :

1. *A droite en arrière, doublez vos files.*

2. *Secondes sections, marche.*

Le

97

Le premier commandement ne fervira que d'aver-tiffement.

Au deuxième commandement, toutes les fecondes fections marcheront quatre pas en arrière.

Après ce mouvement, on commandera :

1. *A droite.*

2. *Marche.*

Au premier commandement, tout le bataillon fera à *droite*, à l'exception de la compagnie de Grenadiers & de la première fection du premier peloton.

Au deuxième commandement, les fecondes fections doubleront par le *pas de flanc* fur leur droite, fur les premières fections qui ne bougeront pas.

Dès que les fecondes fections auront doublé fur les premières, on fera les commandemens fuivans :

1. *Serrez les pelotons.*

2. *Marche.*

Le premier commandement ne fervira que d'aver-tiffement.

Au deuxième, tous les pelotons fe ferreront par le *pas de flanc* fans ouvrir les files jufqu'à la pointe de l'épée fur le premier peloton qui ne bougera pas, non plus que les Grenadiers.

A mefure que les pelotons arriveront fur la droite, le Commandant de chaque peloton fera les comman-demens fuivans :

1. *Halte.*

2. *Front, alignez-vous.*

N

Au premier commandement, le peloton s'arrêtera.

Au deuxième commandement, tout le peloton fera *face en tête* & *s'alignera :* les files étant doublées, les Grenadiers resteront toujours alignés au premier rang, quand bien même ce rang deviendroit le dernier.

Dédoubler les files.

Pour dédoubler les files & rendre au bataillon le front qu'il avoit précédemment, on commandera :

1. *Dédoublez vos files.*

2. *A gauche.*

3. *Marche.*

Le premier commandement ne servira que d'avertissement.

Au deuxième commandement, tout le bataillon fera *à gauche*, à l'exception des Grenadiers & de la première section de la droite.

Au troisième commandement, tout ce qui aura fait *à gauche*, se mettra en mouvement par le *pas de flanc.*

Dès que la file de la droite de la seconde section du premier peloton aura dépassé la file gauche de la première section, l'Officier lui commandera :

1. *Halte, pour s'arrêter.*

2. *Front, pour faire face en tête.*

3. *Alignez-vous, pour marcher vivement en avant & s'aligner avec la première section.*

En même temps que la seconde section du premier peloton fera *halte*, l'Officier de la première section du second peloton commandera à la sienne, *halte*, pour s'arrêter, & *front*, pour faire *face en tête*, ce qui s'exécutera successivement par toutes les secondes & premières sections, jusqu'à ce que tout le bataillon se trouve sur trois rangs.

Pour doubler les files par la gauche, on commandera :

1. *A gauche, doublez vos files.*

2. *Secondes sections, marche.*

Le premier commandement ne servira que d'avertissement.

Au deuxième commandement, les secondes sections marcheront quatre pas en arrière.

Après ces mouvemens, on commandera :

1. *A gauche.*

2. *Marche.*

Au premier commandement, tout le bataillon fera *à gauche*, à l'exception de la seconde section du huitième peloton.

Au deuxième commandement, les premières sections doubleront par le *pas de flanc* sur leur gauche, sur les secondes sections qui ne bougeront pas, & les Grenadiers suivront la première section du premier peloton.

Dès que les premières sections auront doublé sur les secondes, on fera les commandemens suivans :

1. *Serrez les pelotons.*

2. *Marche.*

Le premier commandement ne servira que d'avertissement.

Au deuxième commandement, tous les pelotons & les Grenadiers se serreront par le *pas de flanc*, sans ouvrir les files, jusqu'à la pointe de l'épée sur le huitième peloton qui ne bougera pas.

N ij

A mesure que les pelotons arriveront sur la gauche, le Commandant du peloton fera les commandemens suivans :

1. *Halte.*

2. *Front, alignez-vous.*

Et à ces commandemens, tout le peloton fera *halte, face en tête & s'alignera sur la gauche.*

Pour dédoubler, on commandera :

1. *Dédoublez vos files.*

2. *A droite.*

3. *Marche.*

Le premier commandement ne servira que d'avertissement.

Au deuxième, tout le bataillon fera *à droite,* à l'exception de la seconde section du huitième peloton.

Au troisième commandement, tout ce qui aura fait *à droite* se mettra en mouvement par le *pas de flanc,* & dès que la file de la gauche de la première section du huitième peloton aura dépassé la file de la droite de sa seconde section, l'Officier lui commandera :

1. *Halte, pour s'arrêter.*

2. *Front, pour faire face en tête.*

En même temps que la première section du huitième peloton fera *halte,* l'Officier de la seconde section du même peloton lui commandera *alignez-vous* pour marcher vivement en avant & s'aligner avec la première section.

En même temps que la première section du huitième peloton fera *halte,* l'Officier de la seconde section du

1. Janvier 1766.

septième peloton lui commandera de même *halte* pour s'arrêter, *front* pour faire *face en tête,* & *alignez-vous* pour marcher vivement en avant & s'aligner sur la gauche du bataillon; ce qui s'exécutera de même, successivement par toutes les premières & secondes sections, jusqu'à ce que tout le bataillon se trouve sur trois rangs, & les Grenadiers feront *halte,* & *face en tête* en même temps que la première section du premier peloton.

Cette manœuvre servira pour les colonnes de droite & de gauche, & quand on voudra marcher par son flanc à six de front, sans occuper plus de terrain que le front du bataillon sur trois de hauteur en bataille.

Pour marcher ainsi en colonne par le flanc, on doublera les files par la droite ou par la gauche, comme il est prescrit ci-dessus, mais au lieu de faire serrer les divisions, on commandera :

1. *Prenez vos distances.*

2. *Marche.*

Le premier commandement ne servira que d'avertissement.

Au deuxième commandement, tout le bataillon se mettra en mouvement au pas ordinaire, en prenant un pas de distance entre chaque file devenue rang, & on observera de ne pas alonger la colonne davantage; dans cette seule circonstance, les Grenadiers doubleront aussi leur file, & tout le bataillon fera *à droite* ou *à gauche* suivant le côté sur lequel on voudra doubler.

Pour se mettre en bataille lorsqu'on le jugera nécessaire, on commandera d'abord :

Titre XII. 1. *Halte.*

2. *En avant & en arrière, serrez vos files.*

3. *Front.*

4. *Alignez-vous.*

Au premier commandement, tout le bataillon s'arrêtera.

Au deuxième, si on a marché par la droite, toutes les files des premières sections serreront au pas redoublé en avant, & toutes les files des secondes sections serreront vivement en arrière, & si on a marché par la gauche, les secondes sections serreront en avant & les premières en arrière.

Au troisième commandement, tout le bataillon fera *face en tête.*

Au quatrième commandement, les secondes sections marcheront vivement en avant pour s'aligner.

Doubler les files sur le centre.

Pour doubler les files sur le centre, on commandera :

1. *A gauche & à droite sur le centre, doublez vos files.*

2. *Secondes sections, marche.*

Le premier commandement ne servira que d'avertissement.

Au deuxième commandement, toutes les secondes sections feront quatre pas en arrière.

Après ce mouvement, on commandera :

1. *A gauche & à droite.*

2. *Marche.*

Au premier commandement, les Grenadiers & le

103

demi-bataillon de la droite feront *à gauche*, & le demi-bataillon de la gauche fera *à droite*, à l'exception de la seconde section du quatrième peloton & de la première du cinquième qui ne bougeront pas.

Titre XII.

Au deuxième commandement, excepté les deux sections dénommées ci-dessus, toutes les sections qui doivent doubler se mettront en mouvement pour doubler sur leurs secondes & premières.

Dès que les premières sections des pelotons de la droite & les secondes sections des pelotons de la gauche, auront doublé, on fera les commandemens suivans :

1. *Serrez les pelotons.*

2. *Marche.*

Le premier commandement ne servira que d'avertissement.

Au second commandement, tous les pelotons se serreront à la pointe de l'épée par le *pas de flanc*, de gauche & de droite sur le centre.

A mesure que les pelotons arriveront sur le centre, le Commandant du peloton leur commandera :

1. *Halte.*

2. *Front , alignez-vous.*

A ces commandemens, tout le peloton fera *halte, face en tête*, & s'alignera *sur le centre.*

Pour dédoubler les files, on commandera :

Dédoubler les files.

1. *Dédoublez vos files.*
2. *A droite & à gauche.*
3. *Marche.*

Le premier commandement ne servira que d'avertissement.

Au deuxième commandement, les Grenadiers & le
demi-bataillon de la droite feront *à droite*, & le demi-
bataillon de la gauche fera *à gauche*, à l'exception des
deux sections du centre.

Au troisième commandement, les deux mêmes sections
ne bougeront pas, le reste du bataillon marchera vers les
flancs par le *pas de flanc*.

Dès que la file gauche de la première section du
quatrième peloton aura dépassé la file droite de la seconde
section, & que la file droite de la seconde section du
cinquième peloton aura dépassé la file gauche de sa
première section, les Officiers de ces deux sections leur
commanderont :

1. *Halte, pour s'arrêter.*

2. *Front, pour faire face en tête.*

3. *Alignez-vous, pour s'aligner sur le centre, & la
seconde section du cinquième peloton se portera
vivement en avant.*

L'Officier de la seconde section du quatrième peloton
lui commandera en même temps, *alignez-vous*, pour se
porter de même vivement en avant, & s'aligner sur la
première section du cinquième peloton, ce qui s'exécutera de même & successivement par toutes les autres
sections du bataillon, les Grenadiers s'arrêteront & feront
face en même temps que la première section du premier
peloton.

Les compagnies de Grenadiers qui seront placées à
la gauche de leur bataillon, suivront dans les manœuvres
ci-dessus

ci-deſſus les mouvemens de la ſeconde ſection du hui-
tiéme peloton de leur bataillon.

A R T. 4.
Pour border la haie.

On commandera :

1. *Compagnie, bordez la haie.*
2. *A droite.*
3. *Marche.*
4. *Halte.*
5. *A gauche.*

Manière de border la haie étant en bataille ſur trois rangs ſerrés ou ouverts.

Le premier commandement ne ſervira que d'avertiſſement.

Au deuxième commandement, le Capitaine & les
deux Sergens qui ſeront derrière lui ne bougeront pas,
tout le reſte de la compagnie fera *à droite.*

Au troiſième commandement, le Capitaine, ſuivi de
ſes deux Sergens, marchera droit devant lui en avant,
le premier rang ſuivra le premier Sergent, chaque Soldat
faiſant *à gauche* à meſure qu'il arrivera ſur la place d'où
le Capitaine ſera parti ; le troiſième rang ſuivra le premier,
& le deuxième rang le troiſième.

Au quatrième commandement, les compagnies étant
en files, feront *halte*, & dans le même temps les
Officiers, les Fourriers, les Sergens & les Tambours
iront ſe placer à la tête de la compagnie.

Au cinquième commandement, toutes les compagnies
feront *à gauche*, & s'aligneront.

Si l'on veut remettre enſuite les compagnies en
bataille, on commandera :

Remettre enſuite les compagnies en bataille.

O

1. *Compagnies, reformez-vous en bataille.*

2. *A gauche.*

3. *Marche.*

4. *Front.*

5. *Alignez-vous.*

Le premier commandement ne servira que d'avertissement.

Au deuxième commandement, toutes les compagnies feront *à gauche.*

Au troisième commandement, toutes les compagnies marcheront pour se reformer en bataille sur le même terrain d'où elles seront parties, chaque rang reprenant sa place, ainsi que les Officiers, Fourriers & Sergens, & les Tambours iront se rassembler à la droite du bataillon.

Au quatrième commandement, toutes les compagnies feront *face en tête.*

Au cinquième commandement, le bataillon s'alignera *sur le centre.*

Border la haie étant en colonne, par compagnie. Pour border la haie étant en colonne par compagnie, on commandera :

1. *En avant, bordez la haie.*

2. *Marche.*

3. *Halte, alignez-vous.*

Le premier commandement ne servira que d'avertissement.

Au deuxième commandement, le premier rang de chaque peloton marchera le *pas oblique à droite,* le

107

deuxième marchera en même temps le *pas oblique à gauche*, & le troisième rang marchera le *petit pas devant lui* jusqu'à ce qu'il soit démasqué par les deux premiers rangs, après quoi il prendra le *pas ordinaire* pour remplir l'intervalle que lui auront laissé le premier & le deuxième rang ; les Officiers, les Fourriers & les Sergens se porteront à la droite de la compagnie, & le Tambour-major enverra les Tambours à leur compagnie, lorsqu'il s'agira d'une revue, hors ce cas-là, les Officiers, Fourriers, Sergens & Tambours resteront à leur poste.

Au troisième commandement, toutes les compagnies s'arrêteront & s'aligneront sur le centre.

Pour se remettre en colonne, on commandera :

1. *En avant, formez la compagnie.*

2. *Marche.*

3. *Halte, alignez-vous.*

Le premier commandement ne servira que d'avertissement.

Au deuxième commandement, le premier rang marchera le *pas oblique à gauche*, le second rang le *pas oblique à droite*, & le troisième rang le *petit pas en avant* pour reprendre sa place.

Au troisième commandement, toutes les compagnies s'arrêteront & s'aligneront sur leur droite.

On peut aussi se reformer, en faisant faire *à gauche* au premier rang, & *à droite* au second.

Se remettre en colonne.

TITRE XIII.

Des Évolutions.

ARTICLE PREMIER.

Des conversions.

Exercer sur trois rangs & sur six. Quarts de conversion.

ON fera manœuvrer un régiment sur trois & sur six rangs.

Le régiment étant en bataille à rangs serrés, on lui fera faire des *quarts de conversion à droite & à gauche,* pour le rompre par section, peloton, division & demi-bataillon, & très-rarement par bataillon ou régiment entier.

Les remettre par des mouvemens contraires.

Toutes les fois qu'on les fera rompre, on les fera se reformer par les mouvemens contraires.

Pour cet effet, on commandera :

1.

Commandement pour rompre.

A droite ou à gauche, { par régiment, par bataillon, par demi-bataillon, par division, par peloton, par section, } rompez le régiment.

2.

Marche.

3.

Halte ou en avant.

Le premier commandement avertira du côté par lequel

le régiment devra se rompre & du nombre de divisions qu'il devra former en se mettant en colonne, les Offi- ciers & les Sergens de serre-file se rapprocheront en même temps du dernier rang.

TITRE XIII.

Si le mouvement se fait *à droite*, toutes les têtes se porteront vivement *à gauche* à la fin du commandement, excepté celles de la file gauche de chaque division, & chaque Commandant de division se portera au pas redoublé à deux pas en avant du centre du premier rang de sa division ; toutes les fois qu'on se rompra *à droite*, le deuxième Sergent du huitième peloton, placé au troisième rang derrière le Capitaine, remplacera le Capitaine au premier rang, & reprendra sa place lorsque l'on se reformera en bataille.

Au deuxième commandement, toutes les divisions se mettront en mouvement à la fois (à moins que le contraire ne soit ordonné), faisant marcher leur gauche *ou* leur droite, & soutenir leur droite *ou* leur gauche pour faire leur *quart de conversion*.

Au troisième commandement, toutes les divisions s'arrêteront en frappant du pied, & tourneront vivement la tête à droite, ou marcheront en avant si on leur en fait le commandement, en s'alignant tout de suite.

Si l'on devoit se rompre par demi-bataillon, la com- pagnie de Grenadiers de la droite feroit son mouvement avec le premier demi-bataillon, & celle de la gauche avec son second demi-bataillon ; mais de quelqu'autre manière qu'on se rompre, les compagnies de Grenadiers formeront leurs divisions particulières, & elles en for- meront plusieurs, si l'étendue de leur front surpassoit celle du front du reste des colonnes.

Les Tambours feront la conversion centrale en arrière pour se placer sur le flanc de la colonne de leur bataillon.

On fera marcher les régimens ainsi rompus, tant à

rangs ouverts qu'à rangs serrés ; & lorsqu'on voudra les remettre en bataille, on commandera :

1.

Commandement pour reformer.

$$A\ gauche\ ou\ à\ droite,\ \begin{cases} par\ régiment, \\ par\ bataillon, \\ par\ demi-bataillon, \\ par\ division, \\ par\ peloton, \\ par\ section, \end{cases} reformez\ le\ régiment.$$

2. *Marche.*

3. *Halte.*

Le premier commandement ne servira que d'avertissement.

Au deuxième commandement, on fera marcher les droites ou les gauches des divisions, tandis que les gauches ou les droites opposées des mêmes divisions soutiendront pour se remettre en bataille par un second *quart de conversion*, les Officiers reprendront en même temps leur poste dans le rang, les serre-files se remettront à leur distance ordinaire du dernier rang, & les Tambours à leur poste par un second *quart de conversion* centrale, contraire au premier qu'ils auront fait.

Au troisième commandement, toutes les divisions s'arrêteront, tournant la tête à droite, & resteront immobiles ; & si on juge nécessaire de s'aligner, on en fera le commandement.

Rompre par la droite pour marcher vers la gauche ou par la gauche pour marcher vers la droite.

Si un régiment doit se rompre par la droite pour marcher vers la gauche, ou par la gauche pour marcher vers la droite, les divisions partiront successivement & marcheront d'abord devant elles ; pour cet effet, on commandera :

111.

1.

En avant, rompez à droite ou à gauche, { par régiment, par bataillon, par demi-bataillon, par division, par peloton, par section, } pour marcher vèrs la droite ou vers la gauche.

2. *Marche.*

Le premier commandement ne fervira que d'avertiffement.

Au deuxième commandement, la divifion de la droite ou de la gauche par laquelle on devra fe rompre, marchera en avant jufqu'à la diftance qui lui fera défignée; & fera enfuite *un quart de converfion à gauche* ou *à droite* pour paffer au pas ordinaire ou au pas redoublé devant le front du régiment.

Lorfque cette première divifion aura fait deux fois autant de pas que la divifion fuivante en occupera par l'étendue de fon front; celle-ci fe mettra en mouvement au commandement de fon plus ancien Officier, marchera en avant jufqu'à la même hauteur que la première divifion, & fera comme elle un *quart de converfion* pour prendre, *au pas ordinaire* ou *au pas redoublé*, rang après elle dans la colonne, & ainfi des autres divifions, chacune ayant la même attention de ne partir que lorfque la divifion qui devra la précéder, aura fait deux fois autant de chemin qu'elle occupera de terrain en bataille; de forte que fi elle a feize hommes de front, elle ne partira qu'au vingt-cinquième pas de la divifion qui la précèdera.

Si l'on doit marcher ainfi à rangs ouverts, le Commandant en avertira, & au commandement *Marche*, le premier rang de la première divifion partira feul, & les autres partiront succeſſivement au troiſième ou au cinquième pas du rang qui les précèdera, comme il ſera ordonné.

Toutes les fois qu'on devra marcher à rangs ouverts, le premier rang de chaque diviſion obſervera, avant de partir, les diſtances preſcrites entre les diviſions au Titre *de la Marche*, en y ajoutant dans tous les cas un nombre de pas double de celui qu'occupera le front de la diviſion.

Rompre par la droite ou par la gauche pour marcher en avant.

Lorſqu'un régiment devra ſe rompre par la droite ou par la gauche pour marcher en avant, on commandera :

1.

$$En\ avant,\ rompez\ à\ droite\ ou\ à\ gauche,$$

$\left\{\begin{array}{l} par\ régiment, \\ par\ bataillon, \\ par\ demi\text{-}bataillon, \\ par\ diviſion, \\ par\ peloton, \\ par\ ſection, \end{array}\right.$

2.

Marche.

Le premier commandement ne ſervira que d'avertiſſement.

Au deuxième commandement, la diviſion de la droite *ou* de la gauche, par laquelle on devra ſe rompre, *marchera en avant*, & toutes les autres diviſions ſe mettront en mouvement pour faire un *quart de converſion* par la droite *ou* par la gauche ; ſe porter enſuite ſucceſſivement ſur le terrain d'où ſera partie la première diviſion, y faire un ſecond *quart de converſion* par la gauche *ou* par la droite, & prendre rang après elle dans la colonne.

Converſion centrale ou par peloton.

Dans le cas où le terrain ne permettroit pas de faire les converſions preſcrites ci-deſſus en entier par la droite

ou

ou par la gauche, on les feroit par la droite & par la gauche fur le centre, de la manière fuivante :

Si c'eft *à droite*, la demi-divifion de la droite marchera le *pas en arrière*, & la demi-divifion de la gauche le *petit pas en avant ;* fi c'eft *à gauche*, la droite marchera en avant & la gauche en arrière, regardant dans l'un & l'autre cas fur le centre, qui fervira de pivot ; mais on ne fe fervira jamais de cette manœuvre que par peloton ou divifion au plus.

ART. 2.

Des doublemens & dédoublemens de divifion.

Si on veut augmenter fucceffivement le front d'un régiment qui marcheroit en colonne, on commandera :

1. *Prenez garde à vous, divifion, pour doubler.*
2. *Marche.*

Le premier commandement ne fervira que d'avertiffement.

Au deuxième commrndement, toutes les divifions impaires ne marcheront que *le petit pas*, toutes les divifions paires marcheront *le pas oblique à gauche* jufqu'à ce qu'elles foient entièrement démafquées par les divifions impaires ; après quoi, au commandement de leur plus ancien Officier, elles marcheront en avant pour aller fe joindre aux divifions impaires, & marcher enfuite avec elles au *pas ordinaire.*

On aura grande attention d'exécuter ces mouvemens avec autant de vivacité qu'il fera poffible, fans confufion, fans que les files s'ouvrent, que les armes ceffent d'être portées, & fans que les files & les rangs ceffent d'être alignés.

Si l'on veut enfuite dédoubler, on commandera :

P

Titre XIII.

Doublement
de divifion.

Dédoublement
de divifions.

1. *Prenez garde à vous, divisions, pour dédoubler.*

2. *Marche.*

Le premier commandement ne servira que d'avertissement.

Au deuxième commandement, les divisions impaires qui seront à la droite, continueront de marcher devant elles *le pas ordinaire*, & les divisions paires qui auront doublé sur la gauche, prendront *le petit pas*, & quand le troisième rang des divisions impaires les auront dépassées, elles prendront *le pas oblique à droite* pour rentrer dans la colonne, & marcher en avant lorsque l'Officier leur commandera ; mais elles ne reprendront *le pas ordinaire* que quand elles auront leurs distances : les serre-files, tant en doublant qu'en dédoublant, serreront contre le troisième rang.

Cet ordre sera renversé, soit pour doubler, soit pour dédoubler, dans les régimens qui marcheront par leur gauche.

Mouvement des Grenadiers dans les doublemens.

Si, en marchant en colonne par division, on fait doubler par demi-bataillon, les compagnies de Grenadiers devront faire *à droite* ou *à gauche* pour marcher le *pas oblique*, & se porter sur la droite ou sur la gauche de leur premier ou second demi-bataillon ; après ce mouvement, celles qui précèderont dans la colonne leur premier demi-bataillon, attendront pour s'y joindre & marcher avec lui, qu'il soit arrivé à leur hauteur ; les autres compagnies de Grenadiers iront aussi rejoindre leur demi-bataillon.

Mouvement des Grenadiers dans les dédoublemens.

Si l'on fait dédoubler ensuite pour ne marcher que par division, les compagnies de Grenadiers qui devront, après ce mouvement, précéder la première divivion de leur bataillon, feront vivement trente pas en avant, & (felon qu'on devra marcher par la droite ou par la gauche) marcheront le *pas oblique*, jufqu'à ce qu'elles aient repris leurs place & diftance ordinaires dans la colonne.

Les compagnies de Grenadiers qui devront, après le dédoublement, être précédées de la première ou dernière divifion de leur bataillon, marcheront le *pas oblique* avec la première ou la dernière divifion de leur bataillon, jufqu'à ce qu'elle ait achevé de dédoubler, elles prendront alors le *petit pas* jufqu'à ce que le troifième rang de cette divifion ait dépaffé leur premier rang; & continueront enfuite de marcher le *pas oblique* pour aller reprendre leur place ordinaire, s'aligner dans la colonne & fuivre leur bataillon.

On exercera auffi les régimens à doubler & dédoubler les divifions fur les mêmes principes, en faifant marcher le *petit pas oblique à droite* aux divifions impaires, & le *pas ordinaire oblique à gauche*, aux divifions paires; quand elles fe feront démafquées, elles marcheront toutes en avant fur le commandement de l'Officier de chacune d'elles, jufqu'à ce qu'elles foient alignées; on leur fera enfuite le commandement néceffaire pour prendre enfemble le pas ordinaire; on dédoublera par les mouvemens contraires, & de même lorfque l'on voudra faire ce mouvement par la gauche.

A R T. 3.

Des changemens de front.

Si on veut changer de front, on commandera:

TITRE XIII.

*Doubler
& dédoubler
au centre.*

*Changement
de front de droite
& de gauche.*

1.

$$A \; droite \atop ou \atop à \; gauche. \begin{cases} par \; demi\text{-}bataillon, \\ par \; division, \\ par \; peloton, \\ par \; section, \end{cases} \quad faites \; un \; demi\text{-}quart \atop de \; conversion.$$

2. *Marche.*

3. *Halte.*

Le premier commandement ne servira que d'avertissement.

Au deuxième commandement, toutes les divisions se mettront en mouvement à la fois pour faire le *demi-quart de conversion.*

Au troisième commandement, elles s'arrêteront dans quelque direction qu'elles se trouvent.

Après ce mouvement, on commandera :

1. *A gauche (ou à droite), formez le bataillon.*

2. *Marche.*

Le premier commandement ne servira que d'avertissement.

Au deuxième commandement, la première division de la droite ou de la gauche du bataillon achèvera en tout ou en partie son *quart de conversion,* selon la direction qu'on voudra donner au front du bataillon, & toutes les autres divisions se mettront en mouvement à la fois pour aller se former sur la gauche ou sur la droite par la direction la plus courte & la plus droite, & à mesure qu'elles arriveront sur le terrain, le Commandant

117

de chaque division, commandera : *halte, alignez-vous*, & ira prendre son poste dans le rang : à mesure que les divisions arriveront & se feront alignées sur la division de la droite ou de la gauche, elles pourront commencer les feux qu'on leur ordonnera.

Si on veut changer de front sur le centre, on commandera :

Changement de front sur le centre, soit à droite ou à gauche.

1. *Demi-bataillon de la droite (ou de la gauche), demi-tour à droite.*

2. *Par division ou par peloton, faites un demi-quart de conversion.*

3. *Marche.*

4. *Halte.*

Au premier commandement, le demi-bataillon de la droite ou de la gauche fera *demi-tour à droite.*

Le second commandement ne servira que d'avertissement.

Au troisième commandement, toutes les divisions ou pelotons feront un *demi-quart de conversion.*

Au quatrième commandement, elles s'arrêteront.

Après ce mouvement, on commandera :

1. { *A gauche ou à droite,* } *formez le bataillon.*

2. *Marche.*

Le premier commandement ne servira que d'avertissement.

Au deuxième commandement, toutes les divisions ou pelotons se mettront en mouvement, & celle du centre qui n'aura pas fait *demi-tour à droite*, achèvera son *quart de conversion* suivant la direction qu'on voudra donner au front du bataillon ; les divisions qui auront fait *demi-tour à droite* marcheront droit devant elles, & dès que leurs Commandans verront que leur premier rang devenu le troisième par le *demi-tour à droite*, sera aligné avec le premier rang de la division du centre qui aura achevé le *demi-quart de conversion*, ils commanderont successivement *halte* pour s'arrêter, *front* pour faire légèrement *demi-tour à droite*, & *alignez-vous* pour s'aligner sur le centre, & les divisions qui n'auront pas fait *demi-tour à droite* iront se former à la gauche de celle du centre comme il est dit dans la manœuvre précédente.

TITRE XIV.

De l'Exercice à feu.

ARTICLE PREMIER.

Règles générales pour l'exécution des feux.

On observera le plus grand silence.

PENDANT l'exécution des feux, les troupes garderont le plus profond silence ; les Officiers, les Fourriers & les Sergens porteront leurs armes, & ils auront continuellement les yeux sur leurs Soldats, sans leur parler pour les reprendre, ni quitter leur poste pour dresser les rangs.

Officiers doivent commander d'un ton fort & bref, & faire bien ajuster les Soldats.

Les Commandans des pelotons ou des autres divisions feront leurs commandemens d'un ton ferme & bref, & leurs divisions les exécuteront immédiatement après ; mais les Officiers auront la plus grande attention de ne faire jamais le commandement *feu*, qu'après avoir examiné si le Soldat est ferme dans sa position & s'il ajuste bien.

Les files & les rangs seront serrés dans l'exécution des feux ; les files doivent l'être de sorte que les bras se touchent sans se gêner, mais les rangs auront un pied de distance entr'eux.

Il sera défendu aux Soldats de tirer leurs cartouches d'ailleurs que de leurs porte-cartouches ; on punira sévèrement ceux qui ne feroient que semblant de charger leur fusil, ou qui jetteroient leurs cartouches.

Toutes les fois qu'un régiment devra tirer en bataille, il sera formé sur trois rangs ; on l'exercera à tirer alors de pied-ferme par section, peloton, division & bataillon.

Les régimens chargeront leurs armes avant de commencer l'Exercice à feu, & pour cet effet, le Colonel, le Lieutenant-colonel, le Major, & à leur défaut le plus ancien Officier de chaque bataillon, commandera :

Chargez vos armes.

Le Soldat qui doit alors *porter ses armes*, exécutera ce commandement en dix-neuf temps, comme il est prescrit à la suite du maniement des armes dans l'une des deux manières de *chargez vos armes*.

Lorsque le Soldat, en finissant l'Exercice du feu, aura été averti qu'il ne doit plus charger après avoir tiré, dès qu'il aura fait *feu* & qu'il se sera remis dans la position prescrite au huitième commandement du maniement des

Les files & les rangs doivent être serrés.

Défense de tirer la cartouche d'ailleurs que du porte-cartouche.

On sera sur trois rangs quand on tirera en bataille.

On chargera les armes avant de s'exercer au feu.

Manière de charger réellement les armes.

armes, il en exécutera seulement le neuvième & le treizième commandement; après quoi il *portera les armes* en deux temps, au premier en prenant la position du quatrième temps du dix-huitième commandement du maniement des armes; & au deuxième, en achevant de *porter les armes*.

Commandemens dont on se servira dans tous les feux.

1. *Section, peloton, division* ou *bataillon de droite* ou *de gauche.*

Ce commandement ne servira que d'avertissement, pour que tous les Soldats qui devront tirer, tournent la tête & regardent *à droite*.

2. *Apprêtez-vous.*

Le premier rang tournera le fusil de la main gauche très-vivement, le saisissant de la main droite pour poser la crosse ferme à terre, la main gauche l'empoignant à la capucine, en même temps qu'il mettra genou en terre, & armera étant en terre; les deux derniers rangs feront en un temps très-brusquement *haut les armes*, armeront & placeront les pieds comme il est dit au sixième commandement du maniement des armes.

3. *En joue.*

Comme au septième commandement du maniement des armes.

4. *Feu.*

Comme au huitième commandement du maniement des armes.

Après quoi, le Soldat rechargera son fusil comme il est dit au commandement *armes plates*.

Les Officiers qui commanderont les divisions, pelotons

ou

ou sections, auront la plus grande attention que le premier rang tombe toujours brusquement à terre, & n'arme jamais que la crosse étant à terre ; que les deux derniers rangs exécutent bien & exactement le mouvement des pieds pour l'emboîtement, & de mettre le plus qu'il est possible le même intervalle & le même ton à leur commandement.

On fera cesser tous les feux par un roulement, & les Officiers commandant lesdits feux rentreront alors dans le rang, tout feu devant cesser au mouvement du roulement ; les Officiers feront *porter les armes* à leur division, quand bien même ils auroient commencé à faire les commandemens.

A R T. 2.

De l'exécution des différens feux de pied-ferme. *Feu de section.*

POUR faire feu par section, on commandera :

1. *Prenez garde à vous pour faire feu par section.*
2. *Seconde section du quatrième peloton, commencez le feu.*

Au premier commandement, le Commandant de chaque section de Grenadiers ou de Fusiliers, fera un *pas en avant* & ensuite *à gauche*, à l'exception du Capitaine & du Sous-lieutenant du huitième peloton, & des deux Officiers des compagnies de Grenadiers qui feront à la gauche de leur bataillon qui feront *à droite* après avoir fait de même un *pas en avant*.

Au deuxième commandement, l'Officier de la seconde section du quatrième peloton qui est dans le centre, lui fera le commandement *section*, & puis les autres commandemens quand cette section apprêtera ses armes ;

Q

l'Officier de la deuxième section du cinquième peloton, lui fera le commandement *section*, lorsque la seconde section du quatrième peloton fera *en joue*; celle du troisième peloton, qui est à la droite, fera le commandement *section*; celle du sixième peloton, qui est à la gauche de sa première section, en fera de même quand cette dernière section fera *en joue*, & ainsi successivement des dernières sections des deuxième, septième, premier & huitième pelotons, & de celle des Grenadiers, auxquelles leurs Officiers feront de même le commandement *section*, lorsque les mêmes sections de leur gauche ou de leur droite vers le centre, feront *en joue*.

On fera tirer la première section de chaque peloton, & celle des Grenadiers; l'Officier de la première section du quatrième peloton, commandera : *section, apprêtez vos armes*, quand la seconde section de son peloton passera les armes du côté de l'épée, & ne commandera *en joue* que lorsqu'elle sera au dix-huitième temps pour *charger les armes :* toutes les autres premières sections se règleront de même sur leurs secondes sections.

S'il n'y a pas eu de roulement pendant le feu, l'Officier de la dernière section du quatrième peloton fera le commandement, *section* lorsque la première section de son peloton passera les armes du côté de l'épée & celui de *apprêtez vos armes*, & ne lui fera faire *en joue*, que lorsque sa première section sera prête à *porter les armes :* il en sera de même des secondes sections, qui ne se règleront dans cette deuxième décharge que sur leurs premières sections.

Pour faire *feu* par peloton, on commandera :

1. *Prenez garde à vous pour faire le feu par peloton.*

2. *Quatrième peloton, commencez le feu.* TITRE XIV.

Au premier commandement, le Capitaine de Grenadiers & le Commandant de chaque peloton feront un *pas en avant*, puis *à gauche*, à l'exception du Capitaine du huitième peloton & du Capitaine de Grenadiers de la gauche, qui feront *à droite* après avoir fait de même un *pas en avant*; les Officiers des secondes sections feront en même temps un *pas en arrière* pour s'aligner avec le deuxième rang, & les Sergens qui sont dans les rangs derrière eux, feront aussi un *pas en arrière*; & dès que les feux cesseront, les Officiers & les Sergens rentreront à leur poste, ce qui se pratiquera de même dans tous les feux.

Au deuxième commandement, le feu commencera de même par le centre; l'Officier du quatrième peloton lui fera le commandement *peloton*, & ensuite tous les autres: Quand il lui fera faire *en joue*, l'Officier du cinquième peloton lui fera le commandement *peloton*; lorsque le quatrième peloton mettra le *chien en son repos*, l'Officier du troisième peloton qui est à la droite fera le commandement *peloton*: l'Officier du sixième peloton qui sera à la gauche du cinquième en fera de même quand ce dernier peloton mettra le *chien en son repos*, ce qui sera répété successivement par le second, le septième, le premier & le huitième peloton, & enfin par la compagnie de Grenadiers, qui feront chacun le commandement *peloton*, lorsque le peloton qui est immédiatement à côté d'eux vers le centre, mettra le *chien en son repos*.

Le quatrième peloton recommencera ce même feu (à moins que le Commandant ne juge à propos de faire cesser les feux) lorsque les Grenadiers auront fait *feu* & mettront le *chien en son repos*.

Pour faire *feu* par division, on commandera: *Feu de division.*

Q ij

1. *Prenez garde à vous pour faire le feu de division.*

2. *Seconde division, commencez le feu.*

Au premier commandement, le plus ancien Officier de chaque division & les Capitaines de Grenadiers feront en même temps un *pas en avant*, puis *à gauche*, à l'exception des Capitaines de Grenadiers de la gauche & des Capitaines du sixième peloton de chaque bataillon, qui feront *à droite*.

Au deuxième commandement, l'Officier de la seconde division de chaque bataillon fera le commandement *division*, & ensuite tous les autres.

Un temps après que la deuxième division aura fait *feu*, le Commandant de la troisième, commandera, *division*, la première, la quatrième division & les Grenadiers partiront de même successivement un temps après que celle qui la précède aura fait *feu*, & la seconde division recommencera de même un temps après que les Grenadiers auront fait *feu*, jusqu'à ce que l'on ordonne de cesser.

Feu de bataillon. Pour faire *feu* par bataillon, l'Officier commandant le régiment, commandera :

1. *Prenez garde à vous, bataillon, pour faire le feu.*

Si c'est un régiment de deux bataillons, le feu commencera par le premier bataillon, si le régiment est de trois, le second bataillon commencera, ensuite le premier & puis le troisième.

Si le régiment est de quatre bataillons, le second commencera, il sera suivi par le troisième, le premier & le quatrième ; on aura attention qu'il y ait toujours la moitié

125

du régiment qui ait chargé avant de faire tirer un autre bataillon.

2. *Premier, second* ou *troisième bataillon, commencez le feu.*

Le premier commandement ne servira que d'avertissement.

Au deuxième commandement, le Commandant du régiment ou l'Officier-major de chaque bataillon fera les commandemens : si l'on fait commander les feux par les Officiers-majors, ils iront derrière leur bataillon pour en faire le commandement.

Tous les feux de section, de peloton, de division, & même de bataillon, s'exécuteront aussi en arrière ; & alors on commandera :

1. *Pour faire feu en arrière.*

2. *Demi-tour à droite.*

3. *Formez le bataillon.*

Le premier commandement ne servira que d'avertissement.

Au deuxième commandement, tout le bataillon fera *demi-tour à droite*, à l'exception des Officiers & des Fourriers de serre-file.

Au troisième commandement, les Officiers du premier rang passeront au troisième, devenu le premier. Les Sergens qui étoient derrière eux les remplaçant, les Officiers & les Fourriers de serre-file passeront de même par les files des Officiers pour se placer en serre-file derrière le premier rang, devenu le dernier ; & à l'avertissement, les Tambours iront légèrement sur la droite se placer derrière l'intervalle du bataillon.

TITRE XIV.

*Feu
par bataillon
&
demi-bataillon
en avançant.*

Lorsqu'après cette manœuvre, on voudra remettre le bataillon, on commandera :

1. *Pour remettre le bataillon.*

2. *Demi-tour à droite.*

3. *Reformez le bataillon.*

Ces trois commandemens s'exécuteront comme ceux ci-dessus.

Feu par bataillon ou *demi-bataillon en marchant en brigade* ou *en ligne.*

Quand on voudra faire ce feu, on commandera, *prenez garde à vous, bataillon* pour faire le feu de bataillon *ou* demi-bataillon en avançant.

Second bataillon, marche.

Le premier commandement ne servira que d'avertissement.

Au second commandement, le second bataillon, si la brigade est de quatre bataillons, marchera sept pas redoublés en avant & s'arrêtera.

Ensuite l'Officier-major commandera :

Apprêtez vos armes.

A ce commandement, le premier rang tombera *genou en terre*, & tout le bataillon mettra *en joue* & fera *feu.*

Ce feu pourra aussi se faire par sections paires & impaires, & par demi-bataillon.

Les autres bataillons marcheront le *petit pas ;* & quand celui qui aura tiré aura rechargé ses armes & repris son rang dans la brigade, on fera les mêmes commandemens aux troisième, premier & quatrième bataillons.

ART. 3.

Feu de parapet.

Feu de parapet.

POUR que ce feu se fasse avec beaucoup de précision & sans interruption, il faut que les troupes soient à six de hauteur, qu'il y ait entre chaque division un intervalle à passer facilement deux hommes.

Lorsque l'on voudra commencer ce feu, l'on fera avancer à portée de la banquette du parapet les troupes qui seront à six de hauteur, dont le premier rang, au commandement, fera *haut les armes,* apprêtera ses armes, montera sur la banquette du parapet, fera *en joue,* tirera; puis retirant son fusil dans la position de *haut les armes,* fera *à droite* & *à gauche,* ira passer au *pas redoublé* par les intervalles qui se trouvent à la droite & à la gauche de son peloton, & en prendre la queue, chacun se plaçant derrière sa même file pour recharger.

Les cinq autres rangs qui auront fait *haut les armes* en même temps que le premier, viendront successivement au commandement de *marche* de leur Officier, remplacer le premier, faire leur *feu,* & s'en retourneront prendre leur place à la queue de leur peloton, dans le même ordre que le premier rang.

Ce feu peut être encore très-avantageux en se retirant, & même de pied-ferme, parce que la troupe est toujours dans son entier.

Si c'est en retraite, il sera nécessaire que les Officiers commandant les feux reculent d'un pas, à mesure que le rang qui aura tiré, *filera derrière le front,* pour être toujours à hauteur du rang qui devra faire *feu.* Les

Officiers de l'État-major & ceux de serre-file, indiqueront au premier rang, après qu'il se sera retiré, le terrain où il devra se remettre en bataille & y charger ses armes.

ART. 4.
Du feu de chaussée.

Feu de chaussée. POUR exercer un régiment au feu de chaussée, on commencera par le faire rompre par peloton ou autre division, suivant la largeur des lieux par où il devra passer, en observant qu'il reste au moins quatre pas de vide de chaque côté de la chaussée; on commandera ensuite:

1. *Prenez garde à vous pour faire le feu de chaussée.*

2. *Division de la tête de la colonne, commencez le feu.*

   Le premier commandement ne servira que d'avertissement.

   Au deuxième commandement, l'Officier de la division de la tête de la colonne lui fera les commandemens suivans.

1. *Division ou peloton.*

2. *Apprêtez vos armes.*

3. *En joue.*

4. *Feu.*

5. *A droite & à gauche, quart de conversion.*

6. *Marche.*

7. *A droite & à gauche.*

8. *Marche.*

Les

129

Les Soldats de cette première division exécuteront à l'ordinaire les quatre premiers commandemens, avec cette différence qu'après avoir fait *feu*, ils reviendront dans la position de *haut les armes*.

TITRE XIV.

Le cinquième commandement ne servira que d'avertissement.

Au sixième commandement, la division se partagera en deux parties : si l'on suppose, par exemple, que cette division ne soit qu'un peloton, la section de la droite fera un *quart de conversion à droite*, & la section de la gauche en fera un *à gauche ;* ces deux sections marcheront ensuite vivement quatre pas devant elles pour démasquer la division suivante, & les serre-files se serreront entièrement sur le troisième rang.

Au septième commandement, la section de la droite fera *à droite*, & celle de la gauche fera *à gauche*.

Au huitième commandement, ces deux sections marcheront par le flanc, portant pour lors leurs armes pour longer les flancs de la colonne, & aller se rejoindre à la queue en faisant d'abord *à droite* & *à gauche*, puis faisant *deux pas en avant*, & ensuite un *quart de conversion à gauche* & *à droite* pour se réunir, elles se remettront enfin *face en tête* par un *demi-tour à droite*, après quoi elles rechargeront leurs armes sur le commandement que l'Officier leur en fera.

Les autres divisions répèteront successivement la même manœuvre.

Pour faire le *feu de rang* par les deux premiers rangs, on commandera à tout le bataillon : *Feu de rang.*

1. *Pour faire le feu de deux rangs.*

2. *Haut les armes.*

3. *Les deux premiers rangs, faites feu.*

Le premier commandement ne servira que d'avertissement.

R

Au deuxième commandement, les trois rangs du bataillon feront *haut les armes* & armeront leur fuſil; les trois rangs prenant la poſition preſcrite au deuxième rang pour tirer, & le premier ne mettra pas *genou à terre*.

Au troiſième commandement, le deuxième rang commencera à tirer par les ailes de chaque peloton; auſſitôt qu'il aura tiré, chaque homme de ce deuxième rang paſſera, avec la main droite, ſon fuſil à l'homme qui ſera derrière lui, qui le prendra de la main gauche, & celui-ci donnera en même temps le ſien, de la main droite, au Soldat du deuxième rang qui le recevra de même de la main gauche: le ſecond rang tirera avec le fuſil de l'homme du troiſième rang, le chargera après & tirera un ſecond coup avec le même fuſil, qu'il repaſſera tout de ſuite au troiſième rang pour reprendre le ſien qui aura été chargé par l'homme du troiſième rang, & continuera ainſi à tirer toujours deux coups avec le même fuſil, à l'exception de la première fois; après le deuxième commandement, le premier rang ne commencera à tirer qu'après que le deuxième rang aura tiré ſon deuxième coup; ce feu du premier rang commencera par les ailes droite & gauche de chaque peloton, & chaque Soldat comptera depuis un juſqu'à ſix, après que l'homme qui ſera à côté de lui aura tiré avant que de le faire lui-même; le premier rang chargera toujours lui-même ſon fuſil & retirera auſſitôt.

Pour faire diminuer ce feu, on fera faire un roulement par tous les Tambours du bataillon, & à ce roulement le premier rang portera ſes armes après avoir chargé, & quand on voudra le faire ceſſer tout-à-fait, on fera faire un deuxième roulement, auquel roulement le deuxième rang portera de même ſes armes, ainſi que le troiſième après avoir chargé.

Quand on ne voudra faire tirer qu'un rang, on commandera:

131

1. *Pour faire le feu du deuxième rang.*
2. *Les deux derniers rangs, haut les armes.*
3. *Second rang, tirez.*

Le premier commandement ne servira que d'avertissement.

Au deuxième commandement, les deux derniers rangs feront *haut les armes* & armeront, le premier rang portant toujours les armes.

Au troisième commandement, le deuxième rang commencera à tirer comme il est prescrit ci-dessus.

Alors on ne fera faire qu'un seul roulement pour faire cesser ce feu.

On peut aussi se servir de ce dernier feu du deuxième rang en marchant, observant de prendre le *petit pas* au moment où on le fera commencer.

TITRE XV.
De la Colonne.
ARTICLE PREMIER.
Observations générales.

ON exercera les régimens à former deux espèces de colonnes, savoir, la *colonne d'attaque* & celle *de retraite*.

Deux sortes de colonnes.

Il suffira, pour former les colonnes, que les bataillons soient sur trois rangs, & que les files & demi-sections aient été égalisées autant qu'il est possible dans le moment de l'arrivée des compagnies au lieu indiqué pour l'assemblée de leur bataillon.

On restera sur trois rangs avant de commencer à les former.

R ij

Chacune des colonnes d'attaque ou de retraite ne fera compofée que d'un bataillon, ou tout au plus de deux bataillons, & jamais d'un plus grand nombre; c'eft d'après ce principe que les régimens devront fe règler fur le nombre de colonnes qu'ils auront à former felon les circonftances.

ART. 2.

De la colonne d'attaque.

S I la colonne d'attaque doit être compofée de deux bataillons, fon front fera de deux pelotons, & fa profondeur de huit, & elle aura le même nombre de fections de front & de profondeur fi elle eft d'un bataillon.

COMMANDEMENS
POUR FORMER LA COLONNE D'ATTAQUE.

I.

Pour former la colonne d'attaque par un ou deux bataillons.

2.

A gauche & à droite, par fection ou par peloton, faites un quart de converfion.

3.

Marche.

Les deux premiers commandemens ne ferviront que d'avertiffement

Au troifième commandement, fi la colonne doit être de deux bataillons, celui de la droite fe rompra *à gauche*, & celui de la gauche *à droite*, à l'exception de la première compagnie de Grenadiers qui fera à la droite des deux bataillons, qui fera un *demi - quart de conversion à gauche*, & les deux pelotons du centre marcheront vivement & obliquement six ou huit pas en avant, pour former la tête de la colonne.

Si elle ne doit être que d'un bataillon, les deux sections du centre marcheront de même six ou huit pas en avant pour former la tête de la colonne, toutes les autres se rompront à gauche & à droite, & la compagnie de Grenadiers ne fera qu'un *demi-quart de conversion à gauche ;* à la fin de ces mouvemens, toute la troupe s'arrêtera, & on commandera :

I.

Formez la colonne.

2.

Marche.

Le premier commandement ne servira que d'avertissement.

Au deuxième commandement, si la colonne est de deux bataillons, tout le monde se mettra en mouvement : la compagnie de Grenadiers de la droite marchera vivement en avant vers le centre, pour prendre la tête de la colonne, & ensuite marcher droit devant elle.

Les pelotons du bataillon de la droite feront un *quart de conversion à gauche*, & ceux du bataillon de la gauche un *quart de couversion à droite*, à mesure qu'ils arriveront à portée du terrain qu'occupoient les deux pelotons du centre pour former la colonne, & la compagnie de Grenadiers du bataillon de la gauche suivra le mouvement du dernier peloton pour se mettre à la queue de la colonne : si la colonne n'est que d'un bataillon, les deux sections du centre se porteront en avant, la colonne se formant de même.

Les Tambours fuivront les mêmes mouvemens que leur bataillon pour fe placer à la queue de la colonne, d'où il fera détaché deux Tambours pour aller fe mettre l'un fur le flanc droit de la colonne, & l'autre fur le flanc gauche à hauteur du premier rang.

Les Officiers fupérieurs & ceux de l'État-major, fe placeront de la manière fuivante, tous les autres reftant à leur place ordinaire dans une colonne de deux bataillons: le Colonel à la tête de la colonne; le Lieutenant-colonel fur le flanc gauche au centre; le Major, fur le flanc droit fur l'alignement du premier rang de la colonne; chaque Aide-major & chaque Sous-aide-major, fur le flanc de la colonne, à hauteur du troifième & du quatrième peloton de fon bataillon, pour fe porter de-là par-tout où befoin fera.

Dans celle d'un bataillon, le Colonel ou le Lieutenant-colonel, à la tête de la colonne de la droite; le Major, fur le flanc gauche de la colonne de la droite, s'il y en a deux: l'Aide-major, fur le flanc droit ou gauche, à hauteur du premier rang; le Sous-aide-major, fur l'autre flanc, à hauteur du quatrième peloton.

Dans une colonne compofée d'un régiment d'un feul bataillon, le Colonel fe placera à la tête de la colonne; le Lieutenant-colonel, au centre du flanc gauche; le Major, fur la droite du premier rang; l'Aide-major, fur le flanc gauche, à hauteur du quatrième peloton; le Sous-aide-major, fur le flanc droit, à hauteur du troifième peloton de la colonne.

Que la colonne foit de deux bataillons ou d'un

bataillon, les Porte-drapeaux & les Sergens de leur garde, reſteront à leur place ordinaire.

Cette colonne ſe formera au *pas ordinaire* ou *redoublé*, les diviſions ſerrées ou non, comme on le jugera à propos ; ſi les diviſions doivent être ſerrées, elles garderont entr'elles deux pas de diſtance, les Officiers qui ſeront à la tête des diviſions & les ſerre-files, ne formant qu'un rang ; ſi la colonne ne doit pas être ſerrée, les diviſions garderont entr'elles la diſtance néceſſaire pour ſe mettre en bataille, ſoit par peloton ou par ſection, ſelon qu'elle aura été formée. Si on avoit beſoin de détacher quelques troupes de la colonne, on les prendra de la queue.

Toutes les fois que le commandement *marche* ne ſera précédé d'aucun avertiſſement, la colonne marchera en tête le *pas ordinaire*, & les Tambours battront *aux champs*, elle marchera au *pas redoublé* ſi on lui en fait le commandement, & ne fera *haut les armes*, que pour charger à l'arme blanche, & alors toutes les diviſions alongeront le pas pour ſe ſerrer ſur la première.

La colonne ayant marché *haut les armes*, & les diviſions étant ſerrées, ſi on veut l'arrêter, on commandera *halte* ; alors les Tambours ceſſeront de battre, les Soldats *porteront les armes*, s'arrêteront & s'aligneront.

Pour faire marcher la colonne vers la droite ou vers la gauche, on commandera *à droite* ou *à gauche* ; les Soldats feront *face* au côté qui ſera déſigné, on commandera enſuite *marche*.

Pour faire marcher la colonne vers la queue, on

TITRE XV.

Manière dont doit marcher la colonne.

commandera *demi-tour à droite*, puis *marche*, & les Tambours battront *la retraite*.

De quelque côté que la colonne ait marché, elle fera toujours *face en tête* quand elle s'arrêtera, à moins que le contraire ne foit ordonné. Si on fait à la colonne, lorfqu'elle fera ferrée, le commandement *face des quatre côtés*, les Grenadiers de la tête refteront *face en tête*, tout le flanc droit de la colonne fera *à droite*, tout le flanc gauche *à gauche*, & la compagnie de Grenadiers de la queue, ou la divifion de la queue *demi-tour à droite*. Dans ce feul cas, les Officiers & les Sergens qui fe trouveront dans le flanc droit, iront fe placer derrière leur peloton ou fection dans le rang de leur ferre-file, à l'exception du Commandant de chaque fection qui fe mettra dans le premier rang.

Ouvrir la colonne. Pour ouvrir la colonne, foit que les divifions foient ferrées ou non, en marche, ou de pied-ferme, on commandera :

1.

Ouvrez la colonne.

2.

Marche.

Le premier commandement ne fervira que d'avertiffement.

Au deuxième commandement, fi elle eft en marche, la compagnie de Grenadiers de la tête prendra le *petit pas*, & fi c'eft de pied-ferme, elle fera deux *pas en avant*: les divifions du flanc droit marcheront le *pas oblique à droite*, fans fe ferrer ni s'ouvrir davantage; les divifions du flanc gauche marcheront le *pas oblique à gauche*, confervant de même leur diftance jufqu'à ce que la première
division

division de chaque flanc se trouve alignée & appuyée à la droite & à la gauche de la compagnie de Grenadiers de la tête de la colonne, & celle de la queue entrera dans l'intervalle que les deux dernières divisions de la colonne auront laissé entre elles pour s'aligner avec elles : les Tambours entreront sur une seule file dans le vide de la colonne.

Cette manœuvre ne peut se faire qu'avec une colonne de deux bataillons.

Si dans cette position, la colonne est serrée, & qu'on veuille lui faire faire *face des quatre côtés*, on le fera de la manière prescrite ci-dessus.

Si on veut lui faire faire *face des quatre côtés* dans cette position, n'étant pas serrée, on lui fera faire *halte*, & on lui fera les commandemens suivans :

1.

Par peloton, à droite & à gauche sur le centre, faites un quart de conversion.

2.

Marche.

3.

Halte, alignez-vous.

Le premier commandement ne servira que d'avertissement.

Au deuxième commandement, la compagnie de Grenadiers & les deux pelotons qui feront la tête de la colonne avec elle ne bougeront pas. Les pelotons du flanc droit feront *un quart de conversion sur le centre à droite,* les pelotons du flanc gauche, feront *un quart de conversion sur le centre à gauche,* & la compagnie de Grenadiers de

S

la queue de la colonne, ainsi que les deux pelotons, feront *un demi-tour à droite*.

Au troisième commandement, on s'arrêtera, & les deux flancs s'aligneront sur les files extérieures des pelotons de tête & de queue; les Officiers se placeront dans les rangs.

Si dans cette position, on veut faire *feu*, on pourra exécuter le *feu de section*, de *peloton* ou de *rang*; dans le *feu de rang*, le premier rang pourra fraiser, & le second tirera.

Si la colonne est serrée, & qu'on veuille faire *feu*, la tête & la queue de la colonne feront le *feu de rang*, & les deux flancs celui *de parapet*, prescrit dans l'article des feux, avec la différence qu'on le fera par file dans chaque peloton, au lieu de le faire par rang, & que les files, après avoir tiré, s'en iront par la droite, au lieu de s'en aller par la droite & par la gauche, & tous les premiers rangs ou files extérieures fraiseront.

Pour remettre la colonne étant serrée, lorsqu'elle aura fait *face aux quatre côtés*, on commandera:

I.

Face en tête.

2.

Fermez la colonne.

3.

Marche.

4.

Halte.

Au premier commandement, tout le monde fera *face* du côté de la tête de la colonne.

Le deuxième commandement ne servira que d'avertissement.

139

Au troisième commandement, la compagnie de Grenadiers de la tête, fera vivement quatre pas *en avant*, & prendra ensuite le même pas que la colonne; la compagnie de Grenadiers de la queue ne bougera pas; les pelotons du flanc droit feront *le pas oblique à gauche*, & ceux du flanc gauche, *le pas oblique à droite* pour se rejoindre derrière la compagnie de Grenadiers de la tête, les Tambours fileront comme ils l'auront fait pour entrer dans la colonne, & iront reprendre leur poste, & la compagnie de Grenadiers de la queue ne marchera que lorsque les deux pelotons qu'elle avoit sur sa droite & sur sa gauche l'auront dépassée.

Au quatrième commandement, tout le monde s'arrêtera.

Si après avoir fait ouvrir la colonne, les divisions n'étant point serrées, & qu'on lui ait fait faire *face des quatre côtés*, on veut la faire marcher ou reformer, on lui commandera :

1.

Par peloton à gauche & à droite sur le centre, faites un quart de conversion.

2.

Marche.

3.

Halte.

Le premier commandement ne servira que d'avertissement.

Au deuxième commandement, les Grenadiers & les pelotons de la tête de la colonne ne bougeront pas; les Grenadiers & les deux pelotons de la queue feront *demi-tour à droite*; les pelotons du flanc droit feront *un quart de conversion* sur le centre *à gauche*, & ceux du flanc gauche le feront sur le centre *à droite*.

S ij

Au troifième commandement, tout le monde s'arrêtera & s'alignera fur la tête de la colonne.

Si dans cette pofition, on veut fermer la colonne, on l'exécutera comme il eft prefcrit ci-deffus, obfervant bien fes diftances dans l'un & l'autre cas.

Quand on voudra faire des colonnes, des ailes de droite & de gauche par bataillon, on les fera *à droite* par les mêmes mouvemens prefcrits au fecond bataillon dans les colonnes de deux bataillons, & quand ce fera par l'aile gauche, on les fera de même.

Seconde façon de former cette colonne.

On pourra encore former cette colonne *d'attaque* de la manière fuivante; pour cet effet, on fera les mêmes commandemens & on les exécutera de même, à l'exception qu'on ne fera faire qu'un *demi-quart de converfion,* au lieu du *quart de converfion,* aux pelotons ou fections qui devront la former, & qu'au commandement de *marche,* pour la former, les pelotons ou fections marcheront droit devant eux dans la direction où ils fe trouveront après le *demi-quart de converfion,* pour prendre leurs place & diftance dans la colonne, foit qu'elle fe forme par *le centre,* par *la droite* ou par *la gauche.*

La remettre en bataille.

Quand on voudra rompre la colonne *d'attaque* & fe mettre en bataille, on pourra le faire des deux manières fuivantes :

Commandemens pour rompre la colonne d'attaque toutes les fois qu'elle eft ferrée.

PREMIÈRE MANIÈRE.

Les divifions étant ferrées, on commandera :

1.

Rompez la colonne d'attaque.

2.

A droite & à gauche.

3.
Marche.

Le premier commandement ne fervira que d'aver-
tiffement.

Au deuxième commandement, le bataillon de la droite
fera *à droite*, celui de la gauche fera *à gauche*.

Au troifième commandement, les deux bataillons fe
mettront en marche par leur flanc dès que le huitième
peloton du premier bataillon & le premier du fecond
auront laiffé l'intervalle prefcrit d'un bataillon à l'autre :
les Commandans des deux pelotons leur commanderont
halte pour s'arrêter, *front* pour faire *face en tête*, &
alignez-vous pour marcher *en avant* & s'aligner entr'eux :
la compagnie de Grenadiers fera *à droite* & marchera
vivement en même temps que le bataillon de la droite
pour reprendre fon pofte à la droite; & quand elle aura
dépaffé le premier peloton, elle fera *halte, front* & s'alignera avec les bataillons par *le pas en arrière ;* tous les
autres pelotons, la feconde compagnie de Grenadiers &
les Tambours fuivront les mouvemens de leurs bataillons
qui auront toujours marché, ayant attention de fe jeter un
peu obliquement, le bataillon de la droite fur la gauche,
& celui de la gauche fur la droite & fur le terrain où
devront fe mettre fucceffivement en bataille tous les
pelotons, afin de remplir l'intervalle qu'ils auront laiffé
après avoir fait les commandemens prefcrits ci-deffus,
& marché à hauteur des premiers pelotons, de manière
que tous les pelotons des deux bataillons foient toujours
ferrés les uns contre les autres, fans laiffer jamais aucun
efpace entr'eux.

La colonne d'un bataillon fe rompra dans le même
ordre, en obfervant que les fections du centre qui feront
derrière la compagnie de Grenadiers ne devront pas
bouger.

SECONDE MANIÈRE.

Les divisions ayant leur distance dans la colonne :

1.

Rompez la colonne.

2.

Par peloton ou *par section, faites un demi-quart de conversion.*

3.

Marche.

4.

Halte.

Le premier & le deuxième commandement ne serviront que d'avertissement.

Au troisième commandement, tous les pelotons de la droite feront *un demi-quart de conversion à droite*, tous les pelotons du bataillon de la gauche feront *un demi-quart de conversion à gauche*, ainsi que la seconde compagnie de Grenadiers, & la première compagnie de Grenadiers fera *à droite*.

Au quatrième commandement, tout le monde s'arrêtera.

Après ces mouvemens, on commandera :

1.

Formez-vous en bataille.

2.

Marche.

Le premier commandement ne servira que d'avertissement.

143

Au deuxième commandement, tous les pelotons & les deux compagnies de Grenadiers se mettront en marche pour suivre exactement la direction où ils feront *face* pour aller se former sur la droite & sur la gauche des deux pelotons du centre, qui ne bougeront pas, & à mesure qu'elles arriveront sur le terrain, le Commandant de chaque peloton ou section, commandera *halte* & *alignez-vous*, & ira prendre son poste dans le rang ; l'Officier du huitième peloton du premier bataillon aura de même attention de laisser l'intervalle prescrit entre lui & le premier peloton du second bataillon sur lequel les deux bataillons devront s'aligner.

On rompra aussi de la même manière la colonne d'un bataillon, excepté que les deux sections du centre ne bougeront pas : pour rompre les colonnes des ailes, on se servira des mouvemens prescrits ci-dessus.

A R T. 3.

De la colonne de retraite.

LE front de cette colonne & sa profondeur, seront les mêmes que celles de la colonne d'*attaque*.

C O M M A N D E M E N S
POUR FORMER LA COLONNE DE RETRAITE.

I.

Pour former la colonne de retraite par deux bataillons ou un bataillon.

2.

Pelotons ou *sections des ailes, commencez le mouvement.*

De la colonne de retraite.

Commandement pour la former.

3.

Marche.

Les deux premiers commandemens ne serviront que d'avertissement.

Au troisième commandement, si la colonne doit être de deux bataillons, le premier peloton du premier bataillon & le huitième peloton du second bataillon feront six pas en arrière, après quoi ces deux pelotons feront, au commandement de leurs Officiers, *à gauche & à droite* pour se faire *face* réciproquement, & marcher ensuite au *pas de flanc* en longeant derrière les bataillons jusqu'au centre, où ils se réuniront, puis feront un second *à gauche & à droite*, pour marcher ensuite sur les derrières, & former la tête de la colonne.

Lorsque ces deux pelotons commenceront, en longeant derrière, à dépasser le second & le septième peloton, l'Officier de ces deuxième & septième pelotons leur fera les commandemens pour marcher de même six pas en arrière, faire ensuite *à gauche & à droite*, marcher vers le centre, s'y réunir avec le peloton de l'autre bataillon, pour faire une seconde fois *à gauche & à droite*, & marcher sur les derrières pour y prendre rang dans la colonne, ce qui sera répété successivement par tous les autres pelotons des deux bataillons : à mesure que les pelotons des bataillons se retireront, les compagnies de Grenadiers feront *à gauche & à droite* pour venir appuyer aux pelotons qui n'auront pas encore commencé leur mouvement, & elles s'y remettront chaque fois *face en tête* ; lorsque la colonne sera entièrement formée, elles feront *demi-tour à droite* en même temps & ensemble, pour aller prendre au plus vite le même poste qui leur est fixé dans la colonne *d'attaque.*

Les Tambours feront *à gauche & à droite* en même

temps

1. Janvier 1766.

145

temps que le premier & le huitième peloton pour aller se réunir derrière le centre des deux bataillons, & y faire une seconde fois *à gauche & à droite*, & précéder immédiatement cette première division dans la colonne.

Titre XV.

On formera aussi de la même manière la colonne d'un bataillon, mais seu'ement par section, & avec la différence que les deux sections du centre & les Tambours n'auront qu'un *demi-tour à droite* à faire pour précéder la colonne.

Les Officiers, les Fourriers, les Sergens & les Tambours occuperont dans cette colonne de *retraite* les mêmes postes que dans les colonnes d'*attaque*: les divisions y prendront entr'elles les mêmes distances, & elles seront susceptibles des mêmes manœuvres & des mêmes marches; un Officier-major les conduira.

Officiers, Fourriers & Sergens placés comme dans la colonne d'attaque.

Lorsqu'on voudra rompre la colonne de *retraite* & se remettre en bataille, on fera serrer les divisions, si elles ne le font pas déjà, sur celle qui en aura la tête, & on fera les commandemens suivans :

Colonne de retraite susceptible des mêmes divisions & des mêmes manœuvres que les colonnes d'attaque.

1.

Rompez la colonne de retraite.

2.

A gauche & à droite.

Commandemens pour rompre la colonne de retraite.

3.

Marche.

Le premier commandement ne servira que d'avertissement.

Au deuxième commandement, si la colonne est de deux bataillons, la compagnie de Grenadiers du second

Manière d'exécuter ces commandemens.

J

bataillon fera *à droite* ; mais dans une colonne d'un bataillon, la première section du premier peloton & la seconde section du huitième peloton feront *à gauche* & *à droite*.

Au troisième commandement, la seconde compagnie de Grenadiers qui aura fait *à droite*, marchera vers le flanc gauche, & toutes les divisions continueront de marcher devant elles pour se porter successivement sur le lieu où étoit cette compagnie de Grenadiers, y faire *à gauche* ou *à droite* au commandement de leurs Officiers & marcher vers les flancs, & dès que les deux pelotons du centre y seront arrivés, ils feront *demi-tour à droite* & prendront la distance nécessaire pour que les deux bataillons puissent être en bataille ; les Grenadiers & les pelotons feront *face en tête* & s'aligneront successivement, & la compagnie de Grenadiers du premier bataillon & les Tambours feront un *à gauche* pour aller reprendre leur terrain & leur place.

Si la colonne n'étoit que d'un bataillon, les deux sections du centre feront *demi-tour à droite*.

Rompre la colonne de retraite comme celle d'attaque après lui avoir fait faire demi-tour à droite.

Dans le cas où il feroit nécessaire de se mettre en bataille en avant, on rompra la colonne de *retraite* de la même manière que la colonne d'*attaque*, avec cette seule différence qu'on commencera par lui faire faire *demi-tour à droite*, pour la remettre *face en tête*.

TITRE XVI.

Du passage d'un défilé en présence de l'Ennemi.

Deux espèces de passage.

LE passage d'un défilé peut être de deux espèces : l'une *en avant*, l'autre *en arrière*. Ce défilé peut être une gorge

147

de montagnes escarpées de toutes parts, un chemin dans un bois ou dans un marais d'une grande étendue, par-tout ailleurs impraticable, &c. ou ce défilé n'est qu'un pont sur quelque ruisseau, un passage à travers un marais peu considérable, & où l'on reste en vue après l'avoir passé.

Titre XVI.

ARTICLE PREMIER.

Du passage d'un défilé en avant.

POUR le passage du défilé *en avant*, on se servira dans tous les cas de la colonne d'attaque, telle qu'elle a été ordonnée ci-dessus, en observant si ce défilé n'est qu'un pont, de faire avancer les compagnies de Grenadiers sur le bord de la rivière, pour les y placer en deçà du pont, à droite & à gauche, & protéger par leur *feu* le passage de la colonne. *Passage en avant.*

ART. 2.

Du passage d'un défilé en arrière.

QUANT au passage du défilé *en arrière*, on y arrive en bataille ou en colonne, & l'on reste en vue après l'avoir passé ou l'on n'y reste pas; si l'on y arrive en bataille, les deux bataillons, que l'on suppose ici devoir faire leur retraite, continueront de marcher en bataille jusqu'à dix pas du défilé, que l'on tâchera de mettre derrière le centre, & on les fera remettre *face en tête*, s'ils faisoient *face* au défilé. On leur fera ensuite les mêmes commandemens que pour la colonne de retraite, à l'exception que les pelotons des ailes feront *feu*, & reviendront dans la position de *haut les armes* avant de *Passage en arrière.*

T ij

faire leur mouvement en arrière, & ainsi de tous les autres successivement ; après avoir fait *à gauche* & *à droite*, ils *porteront les armes*, & quand ils auront passé le défilé & seront arrivés sur le terrain qu'ils doivent occuper, l'Officier leur fera le commandement pour charger.

Si l'on doit rester en vue après avoir passé le défilé, les deux pelotons qui auront la tête de la marche feront *à gauche* & *à droite*, dès qu'ils auront passé le défilé, pour marcher vers les flancs opposés & longer les bords de la rivière ou du marais, afin de protéger par leur *feu* la retraite du reste des deux bataillons qui se trouveront en bataille en deçà du défilé, après que tous les pelotons auront fait successivement la même manœuvre, & que les Grenadiers auront passé le défilé derrière lequel ils resteront.

Mais si l'on ne doit pas rester en vue après avoir passé le défilé, on continuera de marcher alors en colonne, les deux compagnies de Grenadiers continuant de faire l'arrière-garde.

Enfin si c'est en colonne que l'on arrive au défilé, on continuera sa marche en colonne pour entrer dans le défilé, soit que l'on reste en vue après l'avoir passé, ou que l'on n'y reste pas ; en se conformant au surplus à ce qu'on vient de prescrire pour le cas où on y arrive en bataille, & en faisant rester les compagnies de Grenadiers à la droite ou à la gauche de l'entrée du défilé, pour protéger la retraite & en faire l'arrière-garde.

149
ART. 3.

Pour faire passer une ligne dans une autre.

TITRE XVI.

Pour faire passer une ligne pleine derrière une seconde.

LA manœuvre de faire passer une première ligne pleine derrière la seconde, lorsqu'on est en bataille sur deux lignes, peut se faire de deux façons, soit par *section* ou par *file*.

PREMIÈRE MANIÈRE, PAR SECTION.

Par section.

On commencera par faire cesser *le feu*, si on tire, & porter les armes; ensuite on commandera *demi-tour à droite* à toute la ligne, & on la fera marcher jusqu'à portée de la seconde ligne, ou, si on le juge à propos, on lui fera refaire *face en tête* pour faire le *feu de bataillon*, après lequel les Soldats porteront aussitôt leurs armes sans les recharger, & on leur commandera un second *demi-tour à droite* & *marche :* à ce commandement, les secondes sections de cette première ligne se porteront en avant; & les premières doubleront sur elles par le *pas oblique à droite* au moment que la première ligne arrivera à douze ou quinze pas de la seconde ligne, celle-ci fera faire *quatre pas en arrière* à ses secondes sections & doubler sur les premières; & dès que la première ligne aura passé par ces intervalles, les sections de la seconde ligne qui auront doublé reprendront leur place; la première ligne, devenue seconde, ira se reformer sur le terrain ou à la distance qui lui sera indiquée, fera *face en tête* & rechargera ses armes au commandement qu'on lui fera: cette même manœuvre peut se répéter successivement par les deux lignes, autant de fois qu'on le jugera nécessaire; s'il est à propos de faire soutenir la première ligne dans ce mouvement, on pourra faire avancer la seconde ligne au moment que la première fera *demi-tour à droite* pour la recevoir.

SECONDE MANIÈRE, PAR FILE.

Après que la première ligne se sera portée à une certaine distance de la seconde & aura tiré, les Soldats, en retirant leurs armes, resteront dans la position de *à droite* & les porteront ; on leur commandera aussitôt par peloton & par file *à droite, marche :* les files droites de chaque peloton feront *un quart de conversion à droite*, & formeront autant de petites colonnes suivies de toutes les autres files. Quand les têtes de ces petites colonnes seront arrivées à huit ou dix pas de la seconde ligne, on commandera à celle-ci, *ouvrez vos files ;* & à ce commandement, le Capitaine se placera vivement *à gauche* & en avant de la seconde file de son peloton ; les deux Sergens qui sont derrière le Capitaine iront se placer de même, celui du second rang en avant de la seconde file du peloton qui est à sa droite, & celui du troisième rang derrière la seconde file de son peloton. Les trois Soldats de la première file du peloton du Capitaine iront se placer, celui du premier rang dans la seconde file, entre le premier & le second rang ; celui du second rang entre le second & le troisième rang, celui du troisième rang derrière le troisième rang de leur peloton, en avant du Sergent : les trois hommes de la file gauche du peloton de la droite se placeront de même entre le premier & le second rang, entre le second & le troisième rang, & derrière le troisième rang de la file à

151

laquelle ils appuient dans leur peloton, ces petites colonnes paſſeront dans ces intervalles ; dès qu'elles auront paſſées, elles iront ſe reformer par un ſecond *quart de converſion par file à gauche* ſur le terrain, & à la diſtance qu'on leur ordonnera, ou on leur commandera *face en tête* & de *charger ;* dès que la dernière file de chaque peloton aura dépaſſé la ſeconde ligne, devenue la première, on commandera à celle-ci, *ſerrez vos files ,* & chacun reprendra ſa place par un mouvement contraire & très-prompt : ce mouvement peut ſe faire par ſection de la même manière.

TITRE XVII.
Du ralliement.

AFIN d'apprendre aux régimens à ſe rallier & à ſe reformer promptement, toutes les fois que les circonſtances peuvent l'exiger à la guerre, on les enverra quelquefois à *la paille ,* en obſervant de ne faire jamais cette manœuvre, immédiatement après que les régimens auront ceſſé de marcher en allant à *la charge.*

Lorſqu'on jugera à propos de faire faire cette manœuvre, on fera battre *la berloque ,* & tout le régiment ſe diſperſera.

Quand on voudra enſuite rallier le régiment, on ordonnera aux Tambours d'*appeler ;* à ce ſignal, les Officiers & les Soldats ſe rallieront promptement aux drapeaux que l'on aura placés ſuivant le côté où on voudra faire *face ;* les Porte-drapeaux auront attention de s'aligner entr'eux, & de prendre la diſtance qu'ils doivent avoir

Apprendre à ſe rallier & à ſe reformer promptement.

Ralliement des pelotons.

dans les bataillons ; & les Soldats reprendront le plus diligemment qu'il sera possible leurs files & leurs rangs, & *porteront les armes* en observant le plus grand silence.

Les Officiers-majors parcourront en même temps le front & la queue des bataillons, pour voir si toutes les divisions sont à leur place ordinaire, & si les files & les rangs sont alignés.

TITRE XVIII.

Des revues d'honneurs & des cas de parade.

ARTICLE PREMIER.

De la formation en bataille.

Formation sur trois rangs.

TOUTES les fois qu'un régiment devra passer une revue d'honneur, il sera formé en parade, en bataille sur trois rangs ouverts à quatre pas de distance, sans qu'il soit rien changé d'ailleurs à la formation ordinaire.

Tous les Capitaines, les Lieutenans, les Sous-lieutenans & les Porte-drapeaux se placeront sur un même rang à quatre pas en avant du premier rang des Soldats ; le Capitaine, au centre de la compagnie ; le Lieutenant, au centre de la première section ; le Sous-lieutenant, au centre de la seconde section, & les Porte-drapeaux vis-à-vis de leur file ; les Sergens placés derrière les Officiers, au deuxième rang, les remplaceront au premier ; les Sergens de la garde des drapeaux, à leur place dans la file des drapeaux, aux premier &

troisième

1. Janvier 1766.

troisième rangs; les Fourriers & les autres Sergens resteront en serre-file & aux places qui leur sont indiquées dans l'ordre de bataille.

Les Tambours de chaque bataillon se placeront sur deux rangs à la droite de leur bataillon, & s'y aligneront avec les deux premiers rangs des Soldats; le Tambour-major se mettra à la tête de ceux du premier bataillon à un pas en avant du premier rang.

Place des Tambours.

Quant aux Officiers supérieurs & à ceux de l'État-major, le Colonel & le Lieutenant-colonel occuperont leur place ordinaire à la tête du régiment, mais ils se porteront à deux pas en avant du rang des Officiers; le Major se placera à la droite du premier bataillon à un pas en avant des Officiers; l'Aide-major se placera à la droite, & le Sous-aide-major à la gauche, tous les deux sur l'alignement du premier rang des Soldats.

ART. 2.

De la manière de passer en bataille les revues d'honneurs.

Manière dont les Officiers, les Fourriers & les Sergens doivent être alors sous les armes.

AUSSITÔT que la personne, devant laquelle le régiment devra passer en revue, paroîtra, les Officiers seront reposés sur leurs armes, les Fourriers, les Sergens & les Soldats les porteront, & les Tambours se tiendront prêts à battre.

Lorsqu'ensuite elle se sera approchée, & qu'elle se présentera pour parcourir le front du régiment, si les Officiers doivent saluer, les Tambours battront, les Soldats présenteront les armes, les Officiers & les

Salut s'il est dû.

V

Porte-drapeaux falueront par compagnie à mefure que ladite perfonne paffera devant eux.

A R T. 3.

Manière de défiler.

De la manière de défiler dans les revues d'honneurs.

APRÈS que ladite perfonne aura parcouru le front & les derniers rangs du régiment, fi elle juge à propos de le voir défiler, on fera les commandemens nécef-faires pour porter les armes, ferrer les rangs & fe rompre par la droite par peloton ou par divifion, felon le nombre de bataillons que l'on aura à faire défiler; fi le régiment devoit marcher en avant de la droite, la compagnie de Grenadiers ou la divifion de la droite ne bougera pas, tandis que toutes les autres divifions feront leur *quart de converfion.*

Place des Officiers, des Sergens & des Fourriers dans la colonne.

Ce mouvement fini, le Capitaine de chaque com-pagnie de Grenadiers & de Fufiliers s'avancera à quatre pas en avant du centre de fon premier rang, le Lieutenant & le Sous - lieutenant à deux pas, favoir; le Lieutenant en avant de la feconde file de la première fection, & le Sous - lieutenant en avant de la deuxième file de la gauche de la feconde fection.

Le premier Sergent de Grenadiers fe placera en même temps à la droite du premier rang; le fecond Sergent à la gauche, & le Fourrier en ferre-file; le premier Sergent de Fufiliers reftera à la droite du troifième rang; le troifième Sergent fe placera à la droite du premier rang; le fecond Sergent à la gauche

du troisième rang ; le quatrième Sergent à la gauche
du premier rang, & le Fourrier en ferre-file ; & les
Sergens de la garde des drapeaux, le premier à la
droite du deuxième rang du même peloton, & le
second à la gauche du second rang.

Les Porte-drapeaux se placeront sur l'alignement des *Place*
Officiers subalternes, chacun au centre de la compagnie *des Drapeaux.*
à laquelle ils seront attachés.

Le Tambour-major & les Tambours du premier *Place*
bataillon, se placeront à quatre pas en avant du Capi- *des Tambours.*
taine de Grenadiers ; les Tambours des autres bataillons
seront placés de même à la tête de leur bataillon.

Le Colonel se placera à la tête du premier peloton
ou de la première division du premier bataillon, à quatre
pas en avant du Capitaine ou des Capitaines ; le Lieutenant-colonel, de même à quatre pas en avant du Capitaine ou des Capitaines du premier peloton ou de la
première division de son bataillon ; le Major se mettra
à la tête de la première compagnie de Grenadiers, à
quatre pas en avant du Tambour-major ; l'Aide-major du
premier bataillon à la tête du premier peloton ou de la
première division de ce bataillon, à la gauche du Colonel
à un pas en arrière ; ceux des autres bataillons, à quatre
pas en avant des Tambours de leur bataillon ; les Sous-
aides-majors se tiendront sur les ailes de leur bataillon
pour le faire défiler dans le plus grand ordre ; & lesdits
Sous-aides-majors défileront à deux pas en arrière du
Fourrier, ou des Fourriers de serre-file du dernier peloton
ou de la dernière division de leur bataillon, & celui du

dernier bataillon de la colonne du régiment défilera à la queue du tout.

Dans un régiment d'un bataillon, le Lieutenant-colonel se placera à la queue.

Distance que l'on doit garder en marchant.

Dès que ces premières dispositions auront été faites, le Major commandera, *marche* à la première compagnie de Grenadiers. A ce commandement, le premier rang de cette compagnie se mettra en mouvement avec les deux Officiers subalternes, le Capitaine, les Tambours & le Major, pour marcher en avant le pas ordinaire; le second rang de ces Grenadiers se mettra aussi en mouvement, au moment que le premier rang fera le cinquième pas; & le troisième rang, au cinquième pas que fera le second rang. Aussitôt que ce troisième rang se sera éloigné de quatre pas du Colonel, cet Officier supérieur commandera, *marche*, au premier peloton ou à la première division, qui fera la même manœuvre que la compagnie de Grenadiers, ce qui sera répété par toutes les divisions du régiment, au commandement de leur plus ancien Officier.

Le régiment marchera dans cet ordre avec la plus grande précision, observant que les files des ailes soient alignées sur le côté où sera la personne devant laquelle on devra défiler.

Salut en défilant.

En approchant de la personne que l'on devra saluer, on se conformera à ce qui a été prescrit à l'égard du salut, au Titre *de l'École de l'Officier.*

Se mettre ensuite en bataille.

Après que le régiment aura défilé, on le remettra en bataille pour l'exercer ou pour le renvoyer, si la personne à qui l'on aura rendu des honneurs le commande.

TITRE XIX.

Des Revues d'inspection, & de celles des Commissaires des guerres.

ARTICLE PREMIER.

De la formation des Livrets de revue.

LORSQU'UN Régiment devra passer une revue d'inspection, ou la revue d'un Commissaire des guerres, on ne changera rien à sa formation ordinaire ; on fera les livrets dans le même ordre que les bataillons, les compagnies de Grenadiers & les pelotons doivent être rangés : les drapeaux resteront à leur place ordinaire, quoique les Porte-drapeaux ne soient compris que dans l'Etat-major; mais les Sergens de leur garde & les Tambours rentreront à leur compagnie.

On ne changera rien à la formation ordinaire des régimens.

ART. 2.

De la disposition pour les revues.

SI c'est une revue d'inspection que le régiment doit passer, il sera mis d'abord en bataille, & il y restera jusqu'à ce que l'Officier général qui sera chargé d'en faire l'inspection, ordonne de le mettre en haie par compagnie; lorsqu'il en donnera l'ordre, on exécutera cette manœuvre ainsi qu'il a été prescrit au Titre *des manœuvres par rangs & par files.*

Les régimens doivent être en bataille jusqu'à ce que l'Officier général ordonne de les mettre en haie.

Si ledit Officier général après avoir vu le régiment en haie, ordonne qu'on le fasse défiler, on le reformera

Manière de défiler après la revue d'inspection.

TITRE XIX.

en bataille pour le faire défiler, comme il eſt preſcrit au Titre XVIII.

ART. 3.

De la diſpoſition pour les Revues des Commiſſaires des guerres.

Les compagnies doivent être en haie avant l'arrivée du Commiſſaire.

S I le régiment doit paſſer la revue d'un Commiſſaire des guerres, les compagnies ſeront miſes en haie avant ſon arrivée.

TITRE XX.

De la promenade militaire

ARTICLE PREMIER.

De l'objet & de l'ordre dans lequel les régimens doivent être formés pour exécuter cette promenade.

Les Soldats doivent porter leur havreſac.

C E genre d'Exercice devant avoir pour objet d'apprendre aux régimens à faire une marche d'armée avec le plus d'ordre & le plus de célérité qu'il eſt poſſible & de les y accoutumer, le Soldat y portera ſes armes & ſon havreſac.

Régiment formé comme pour les autres Exercices.

Toutes les fois qu'un régiment devra ſortir de ſa garniſon ou de ſon quartier pour cette promenade, il ſera formé en bataille dans le lieu de ſon aſſemblée, ainſi qu'il a été preſcrit pour les autres Exercices.

A R T. 2.

De l'ordre que les régimens doivent tenir pendant cette promenade.

APRÈS l'arrivée des drapeaux, le Commandant fera rompre le régiment ou par peloton ou par section, selon la largeur des lieux par où il devra passer, & il le mettra ensuite en mouvement pour sortir de la garnison ou du quartier en marchant avec le plus grand ordre, portant les armes, chaque Officier à son poste, les rangs ouverts à deux pas de distance & Tambours battans.

Doit sortir de la place ou du quartier en marchant dans le plus grand ordre.

Quand le régiment sera sorti de la place, & qu'il en sera éloigné de deux cents pas, le Commandant ordonnera de faire *halte*, de remettre la baïonnette en son lieu, de porter le fusil, de le porter au bras & d'ouvrir les files à un pied de distance.

Disposition pour la marche.

Les Officiers sortiront de leur poste pour monter à cheval, & si les chemins ne sont pas assez larges pour qu'ils puissent marcher toujours sur les flancs de la colonne, on fera prendre dix pas de distance d'une compagnie à l'autre, sans que les rangs de chaque compagnie prennent plus de deux pas de distance entre eux, par quelque division que ladite compagnie ait été rompue. Les Capitaines & les Sous-lieutenans se placeront ensuite sur un seul rang à la tête de leur compagnie, & les Lieutenans en serre-file à la queue; observant que les Officiers de serre-file d'une compagnie ne doivent former qu'un même rang avec ceux qui seront à la tête de la compagnie suivante.

Moment où les Officiers pourront monter à cheval.

Manière dont ils doivent être placés dans la marche s'ils ne peuvent pas marcher sur les flancs de la colonne.

Les Fourriers & les Sergens se placeront, comme il leur est prescrit pour défiler en parade.

Les Porte-drapeaux & les Sergens de leur garde, prendront de même leur place de parade.

Le Colonel & le Major se mettront à la tête du régiment, & le Lieutenant-colonel à la queue.

Les Tambours de chaque bataillon, à la tête de leur bataillon, à l'exception de deux qui marcheront à la queue du régiment.

Chaque Aide-major, à la tête de son bataillon, & chaque Sous-aide-major, à la queue.

S'il y a des Valets à cheval, on les fera mettre sur un ou deux rangs, à la queue de chaque bataillon; mais il sera défendu aux Officiers subalternes de chaque compagnie, de mener avec eux dans la marche plus d'un Valet monté pour deux; & à tout Capitaine, d'en mener plus d'un. Il ne sera permis qu'aux Officiers supérieurs, de mener un, ou tout au plus deux chevaux de main.

Lorsqu'au contraire la nature des lieux permettra aux Officiers, de marcher toujours à cheval sur les flancs de la colonne, ils s'y placeront à hauteur de leur compagnie, sans pouvoir s'en éloigner pendant toute la marche.

Alors les compagnies ne conserveront plus que quatre pas de distance entr'elles, pour y recevoir les Sergens & les Fourriers qui se partageant moitié à la tête & moitié à la queue de leur compagnie, s'y placeront sur un seul rang, comme il a été prescrit pour les Officiers à cheval.

Les

161

Les Porte-drapeaux & les Sergens de leur garde, se placeront en même temps dans les rangs des Sergens, à la tête de la compagnie à laquelle ils seront attachés.

Le Commandant ordonnera alors de marcher, & toutes les divisions se mettront en mouvement à la fois pour exécuter le *pas de route* en silence, sans confondre les rangs & sans augmenter ni diminuer les distances.

Les Officiers subalternes seront responsables au Capitaine, des Soldats de leur section qui s'écarteront, le Capitaine répondra de ceux de sa compagnie.

Si un Soldat est forcé de quitter son rang pendant la marche, il en demandera la permission, donnera son fusil à son camarade, & on laissera avec lui un bas Officier pour le ramener.

Si le Lieutenant-colonel s'aperçoit pendant la marche que la tête du régiment aille trop vîte pour que la queue puisse suivre, il fera *appeler* par les deux Tambours restés à la queue du régiment; & s'il y a plusieurs bataillons, ce signal sera répété de bataillon en bataillon jusqu'à la tête du régiment, qui fera *halte*, & ne se remettra ensuite en mouvement qu'après que la queue ayant rejoint, le Lieutenant-colonel aura fait *battre aux champs*, & que ce signal étant répété de bataillon en bataillon sera parvenu à la tête du régiment; la tête observera de ralentir alors son pas jusqu'à ce que toutes les divisions se soient remises en mouvement.

Si le Colonel juge à propos, pendant la marche, de faire doubler le premier bataillon par peloton, par division

X

ou par demi-bataillon, il fera avertir le Lieutenant-colonel & l'Officier commandant de chaque bataillon s'ils doivent ou ne doivent pas faire le même mouvement; mais il fera bon qu'il le leur fasse faire quelquefois, afin d'apprendre au régiment à se reformer plus promptement en présence des ennemis.

*Précaution
à prendre pour
passer un défilé.*

Toutes les fois que le régiment passera un défilé dans la marche, les Officiers auront la plus grande attention à ce qu'il n'y ait aucune distance d'un rang à l'autre, pour que les Soldats soient aussi serrés & puissent passer le défilé le plus vîte qu'il sera possible.

La première compagnie de Grenadiers & toutes les autres divisions se reformeront à mesure qu'elles auront passé le défilé.

A R T. 3.

*De l'ordre dans lequel les régimens doivent être
ramenés de cette promenade.*

*Doivent rentrer
dans la garnison
ou dans
le quartier, avec
le même ordre
qu'ils en sont sortis.*

APRÈS qu'un régiment se sera promené pendant une heure, on le ramènera à sa garnison ou à son quartier dans le même ordre qu'il en sera sorti. Si le temps le permet, & que les Soldats ne soient pas fatigués, on pourra faire durer ces promenades pendant deux heures, mais jamais plus de trois. Quand on aura été un certain temps sans faire faire cette promenade aux régimens, on observera la première fois, de mener les Soldats sans armes ni havresac; la seconde fois avec les armes sans havresac, & la troisième fois on leur fera porter l'un & l'autre.

163

MANDE & ordonne Sa Majesté aux Officiers généraux ayant commandement sur ses Troupes, aux Gouverneurs & Lieutenans généraux dans ses provinces, aux Gouverneurs ou Commandans dans ses villes & places, aux Inspecteurs généraux de ses Troupes, aux Intendans dans ses provinces, aux Colonels, Lieutenans-colonels & Majors, aux Commissaires des guerres & à tous autres ses Officiers qu'il appartiendra, de tenir la main à l'exécution de la présente Ordonnance. FAIT à Versailles le premier janvier mil sept cent soixante-six. *Signé* LOUIS. *Et plus bas*, LE DUC DE CHOISEUL.

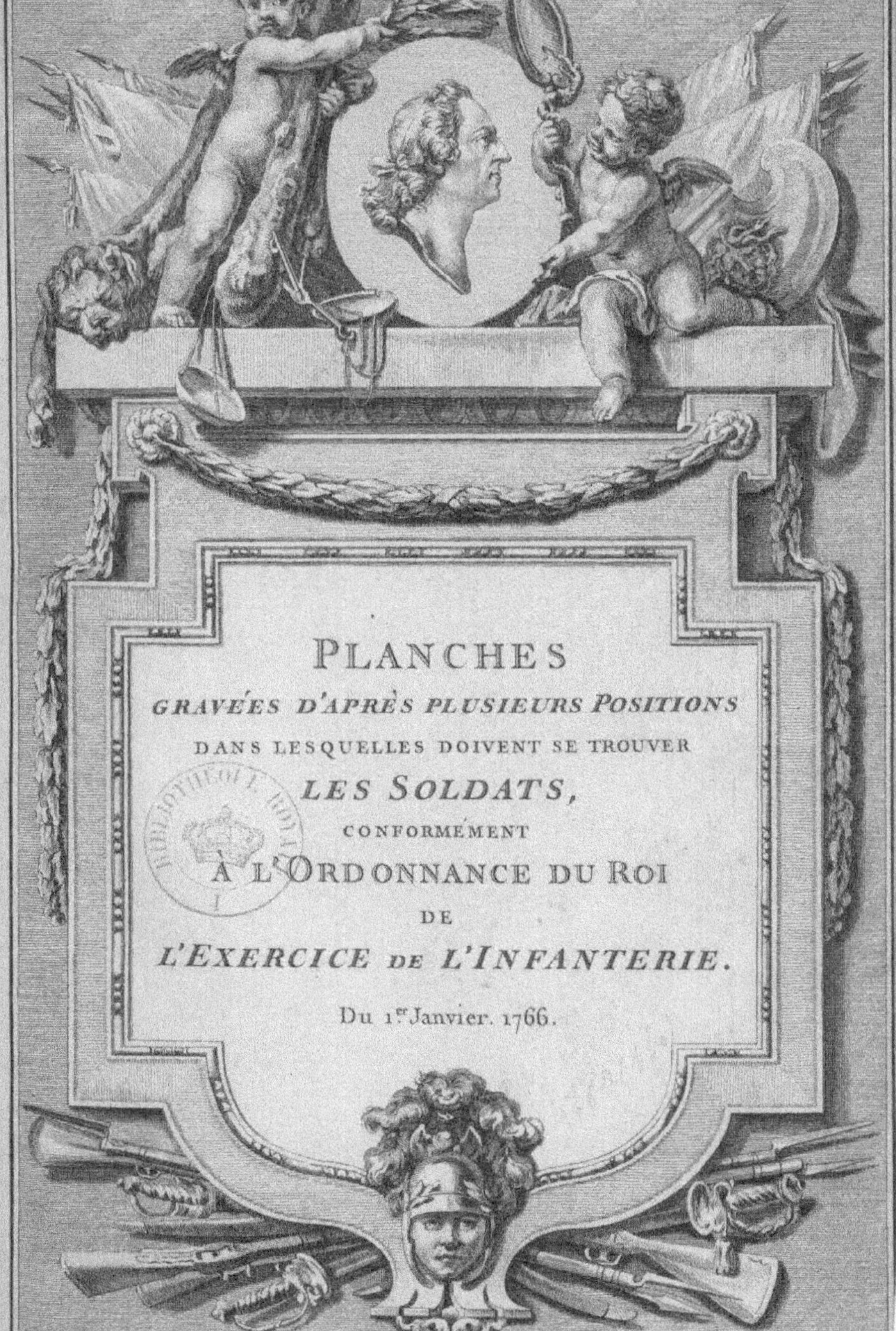

PLANCHES
GRAVÉES D'APRÈS PLUSIEURS POSITIONS
DANS LESQUELLES DOIVENT SE TROUVER
LES SOLDATS,
CONFORMÉMENT
A L'ORDONNANCE DU ROI
DE
L'EXERCICE DE L'INFANTERIE.
Du 1ᵉʳ Janvier. 1766.

Fig.re 4.e

POSITION DU FUSIL DE L'OFFICIER

POUR LE SALUT,

après le 3.e temps, page 9.

POSITION DU FUSIL DE L'OFFICIER
POUR LE SALUT,

PORT
article q

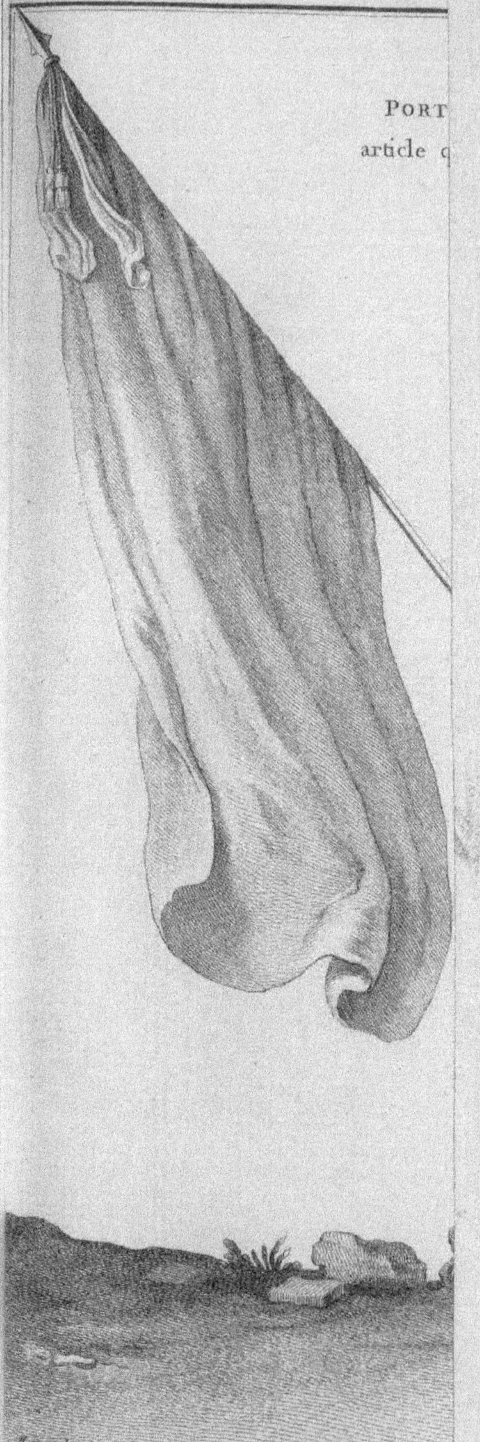

Fig.re 5.e
PORT DU DRAPEAU,
article quatriéme, page 11.

Fig.re 10.e
LA MAIN BASSE,
après le 1.er temps. page 59.

G. De la Haye Sc.

LA MAIN BASSE,
après le 1.er temps. page 59.

1.er Janvier 1766.

Fig.re 14.e

APRETTEZ VOS ARMES,

Position du troisième rang, page 62.

GRAND MANIEMENT DES ARMES.
Fig. 1.
PAR LES ARMES.
Après le Commandement, page 80.
Fig. 2.
APPRÊTEZ VOS ARMES.
Soldats du premier rang, page 80.
Fig. 3.
APPRÊTEZ VOS ARMES.
Soldats du deuxième rang, page 80.
Fig. 4.
APPRÊTEZ VOS ARMES.
En avant du troisième rang, page 80.

1.er Janvier 1766.
PLANCHE VI.
EN JOUE
Fig. 17. Troisième rang
Fig. 18. Deuxième rang.
Fig. 19. Premier rang

1. Janvier 1766.

Fig.ʳᵉ 21.ᵉ
AMORCEZ,
après le 1.ᵉʳ temps, page 64.

Guill. De la Haye. Sc.

PLANC

après le 3.e temps, page 67.

PRÉSENTEZ LA BAIONNETTE,
page 68.
Fig.ᵉ 24.ᵉ Troisième rang.   Fig.ᵉ 25.ᵉ Deuxième rang.   Fig.ᵉ 23.ᵉ Premier rang.
Fig.ᵉ 26.
LES ARMES PLATTES,
après le 4.ᵉ temps, page 70.
PLANCHE 8.

Fig.^e 33.^e

POSEZ LE FUSIL A TERRE.

aprés le 4.e temps. page 73.

PLANCHE X.

Grav. De la Haye Sc.

PETIT MANIEMENT DES ARMES.
Fig.e 31.
REMETTEZ LA BAÏONNETTE EN SON LIEU,
après le 4.e temps, page 71.
Fig.e 32.
PASSEZ LA PLATINE SOUS LE BRAS GAUCHE,
après le 2.e temps, page 72.
Janvier 1766.
PLANCHE X.
Fig.e 33.
POSEZ LE FUSIL A TERRE,
après le 3.e temps, page 73.

Fig.ʳᵉ 36.ᵉ
LES ARMES PRÈS DU PIED,
après le 1.ᵉʳ temps, page 75.

Fig.ʳᵉ 36.ᵉ
LES ARMES PRÈS DU PIED,
après le 1.ᵉʳ temps, page 75.

1.er Janvier 1766.
PLANCHE XI.
Fig.e 34.e
REPRENEZ LE FUSIL,
après le 2.e temps, page 74.
Fig.e 35.e
PORTEZ LE FUSIL AU BRAS,
après le 3.e temps, page 74.
Fig.e 36.e
LES ARMES PRÈS DU PIED,
après le 1.er temps, page 75.

EXPLICATION

IL a paru inutile de représenter le Soldat dans toutes les attitudes de chacun des temps des différens Commandements de L'INSPECTION et du MANIEMENT DES ARMES, pour éviter les répétitions des attitudes qui sont semblables.

On a jugé à propos de ne faire représenter que les positions essentielles qui exigent une très grande uniformité.

Les Commandements étant écrits a chaque figure, ainsi que les temps d'après lesquels elles ont été gravées, il sera très aisé de les reconnoître et de s'y conformer, par le renvoi à la page de l'Ordonnance.

Quant à la gradation des mouvements, elle est prescrite dans la page 61.

www.ingramcontent.com/pod-product-compliance
Ingram Content Group UK Ltd.
Pitfield, Milton Keynes, MK11 3LW, UK
UKHW022016170726
13837UKWH00001B/223